W0011569

DETEKTIVE DER VERGANGENHEIT

WOLFGANG KORN

DETEKTIVE DER VERGANGENHEIT

Expeditionen in die Welt der Archäologie

Bloomsbury Kinderbücher & Jugendbücher

FSC

Mix

Produktgruppe aus vorbildlich
bewirtschafteten Wäldern und
anderen kontrollierten Herkünften

Zert.-Nr.GFA-COC-1278
www.fsc.crg
© 1996 Forest Stewardship Council

© 2007 Berlin Verlag GmbH, Berlin
Bloomsbury Kinderbücher & Jugendbücher
Alle Rechte vorbehalten
Vermittelt durch die Literatur- und
Medienagentur Ulrich Pöppl, München
Umschlaggestaltung: Rothfos & Gabler, Hamburg
Typografie & Gestaltung: Renate Stefan, Berlin
Gesetzt aus der Stempel Garamond durch psb, Berlin
Druck & Bindung: Ebner & Spiegel, Ulm
Printed in Germany 2007
ISBN: 978-3-8270-5168-4

www.berlinverlage.de

INHALT

EINLEITUNG
Warum der echte Indiana Jones kein Abenteurer
sein wollte – 9

TEIL I
Was mit antiken Ruinen vor der Archäologie geschah

KAPITEL 1
Es muss nicht immer der Dschungel schuld sein
Wie Gräber, Tempel und Siedlungen
unter die Erde geraten – 17

KAPITEL 2
Megalithgräber, mykenische Burgen und
das größte Marmorlager des Mittelalters
Wie die Menschen mit den sichtbaren Resten
alter Kulturen umgingen – 34

KAPITEL 3
Wie sicher sind die größten Tresore der Welt?
Der lange Wettkampf zwischen Grabherren
und Grabräubern in Ägypten – 50

TEIL II
Die goldenen Zeiten der Archäologie und ihre größten
Legenden

KAPITEL 4
Wer verdient die Auszeichnung »Erster Archäologe«?
Kandidaten aus Babylonien, Griechenland,
dem Römischen Reich, Italien, dem Vatikan
und Deutschland – 69

KAPITEL 5
»Haltet den Dieb« oder »Ein Hoch auf den Retter« –
wurden die bedeutenden Antiken geraubt oder gerettet?
Wie ganze Grabkammern und Altäre in die Museen
von London, Paris und Berlin wanderten – 83

KAPITEL 6
Hoppla, was haben wir denn da –
wurden die größten Funde zufällig gemacht?
Zufälle und viel Fleiß führten zur Entzifferung
alter Schriften – 102

KAPITEL 7
Morgens Beamter, abends Schatzsucher –
waren die größten Archäologen Außenseiter?
Außenseiter und Abenteurer auf den Spuren
des alten Mesopotamien – 121

KAPITEL 8
Genialer Ausgräber oder schlitzohriger Schwindler?
Die Wahrheit über Heinrich Schliemann – 138

TEIL III
Hightech-Methoden und spektakuläre Funde –
die moderne Archäologie

KAPITEL 9
Schichten, Scherben und Baumringscheiben
Wie die Archäologie die Datierung lernte
und zur strengen Wissenschaft wurde – 161

KAPITEL 10
Der Kampf um Troia ist noch lange nicht vorbei!
Grabungsalltag und Expertenstreit
auf einer archäologischen Großbaustelle – 180

KAPITEL 11
Von der ersten Bronze zur Himmelsscheibe von Nebra
Quer durch Europa und Asien verfolgen Wissenschaftler
die Verbreitungswege eines Metalls – 200

KAPITEL 12
Piraten, Händler oder Kaufleute?
Wer die Wikinger wirklich waren – 219

KAPITEL 13
Moorleichen und Eismumien
Archäologen auf der Spur von Mooropfern
und längst verjährten Verbrechen – 237

BILDNACHWEIS – 256

EINLEITUNG

Warum der echte Indiana Jones kein Abenteurer sein wollte

Archäologie – wer denkt dabei nicht sofort an wertvolle Goldschätze, mysteriöse Tempel im Dschungel und rätselhafte Wracks am Meeresgrund?

Archäologen haben in den vergangenen zwei Jahrhunderten versunkene Städte wie Troia oder Babylon wiederentdeckt. Sie haben vergessene Pharaonengräber wie das von Tutanchamun freigelegt und etliche auf den Weltmeeren verschollene Schiffswracks wie die *Titanic* geortet.

Auch heutzutage graben Archäologen in lebensfeindlichen Wüsten oder in gefährlichen Regionen, in denen Gesetzlosigkeit und Unordnung herrschen. Andere durchstreifen unzugängliche Urwälder – immer auf der Suche nach übersehenen Resten untergegangener Kulturen. So geht man davon aus, dass der größte Teil der Maya-Stätten Mittelamerikas noch immer unentdeckt in den Regenwäldern von Guatemala, Honduras und Belize schlummert.

Vom »Schatz des Priamos« bis zur »Himmelsscheibe von Nebra« – die Geschichten dieser Schätze und ihrer tollkühnen Entdecker beflügeln unsere Phantasie. Und wir fragen uns: Steckt nicht in jedem Archäologen ein Abenteurer, ein kleiner Indiana Jones?

Bei näherem Hinsehen entpuppt sich die Archäologie, wie sie heute betrieben wird, jedoch vor allem als schweißtreibende, mühsame Fleißarbeit. Ein Ausgrabungsteam verbringt Monate damit, von Sonnenauf- bis Sonnenuntergang Schicht für Schicht einer Fundstelle sorgfältig freizulegen. Jede Fundsituation muss genauestens in Zeichnungen erfasst werden – Details, die im Moment kaum interessieren, können später den Schlüssel zu einem Rätsel darstellen. Schließlich bürsten die Ausgräber mit Pinseln in der Größe von Zahnbürsten vorsichtig die Verunreinigungen von möglichen Funden.

Geborgen werden so vor allem ehemalige Alltagsgegenstände: Oft sind es nicht Hunderte oder Tausende, sondern Zehn- bis Hunderttausende von Keramikscherben, die vermessen und bestimmt werden müssen. Sind Archäologen am Ende doch keine Abenteurer? Goodbye, Indiana Jones?

Fragen wir doch einmal den, der es genau wissen muss. Für Indiana Jones, den Filmhelden aus Steven Spielbergs Kinoerfolgen in den 1980er Jahren, gibt es nämlich ein Vorbild aus Fleisch und Blut: den amerikanischen Archäologen Robert J. Braidwood. In den 1940er Jahren machte er sich zunächst allein auf zu gewagten Expeditionen nach Kurdistan, in die Bergregionen im Grenzgebiet zwischen der Türkei, dem Irak und dem Iran.

Ausgrabungen wurden bis dahin vor allem von ehrwürdigen Museen und Universitäten finanziert, die als Gegenleistung Kunstschätze, Schrifttafeln und große Götterskulpturen erwarteten. Braidwood dagegen war der Erste, der nach unseren unbekannten und armen Vorfahren suchen wollte: den ersten Bauern der Menschheit. Ganz selbstbewusst verkündete er, dass seine Arbeit nicht darauf abziele, spektakuläre Funde zu machen: »Ja, ich kann sogar garantieren, dass ich weder Gold noch Königsgräber finden werde.« Das führte jedoch erst einmal dazu, dass sich keine Geldgeber für sein Projekt fanden.

Doch davon ließ sich der Archäologe nicht abschrecken. Und genauso wenig scheute er die Gefahr. Denn die Region am Rande des Taurus- und Zagrosgebirges war auch schon während und nach dem Zweiten Weltkrieg sehr unsicher. Stammesfürsten besaßen dort mehr Macht als die Regierungen in den weit entfernten Hauptstädten. Braidwood zog trotzdem mit wenig Gepäck und kleiner Reisekasse dorthin. Denn er hoffte, auf einen wichtigen Baustein für eines, wenn nicht das größte Geheimnis der Menschheitsgeschichte zu stoßen: auf einen der Orte, an denen der Mensch sesshaft geworden war. Seine Mühe wurde belohnt: Östlich der heutigen Stadt Kerkuk stieß er nahe dem Dorf Garmo auf eine frühgeschichtliche Siedlung – älter als 6000 Jahre!

Nach und nach konnte er große Forschungseinrichtungen von seiner Arbeit überzeugen. Gemeinsam mit den Mitarbeitern des immer umfangreicher werdenden Grabungsprojekts fand er heraus: Rund 150 Menschen lebten in den aneinandergrenzenden Häusern aus Stampflehm von Ackerbau und Viehzucht, von Gerste, Einkorn und Emmer, von Schafen und Ziegen und sogar vom Schwein. Garmo und weitere entdeckte Stätten am Rande des Zagrosgebirges überzeugten Braidwood davon, dass hier der Übergang vom Jägerdasein zu Ackerbau und Viehzucht erfolgt war, friedlich und bei gleichbleibenden Umweltbedingungen. Seine Entdeckungen wurden zur tragenden Säule der Theorie, dass die ersten Bauern und Viehzüchter am Fuße der Gebirge lebten, die wie ein Halbmond das mesopotamische Hochland umschließen. Deshalb wurde die Region »Fruchtbarer Halbmond« genannt.

Gleichzeitig ließen Wagemut, Einfallsreichtum und Hartnäckigkeit Braidwood zum Vorbild für viele angehende Archäologen und für den Leinwandhelden Indiana Jones werden.

»Wie wir Archäologen denken und arbeiten, das hat viel gemeinsam mit der Art, wie gute Detektive denken und arbeiten, um ihre Kriminalfälle zu lösen«, schrieb Braidwood in seinem kleinen Buch *Archeologists and What They Do* (»Archäologen und ihre Tätigkeit« – es wurde nie ins Deutsche übersetzt).

Ebenso wie über die Arbeit der Archäologen herrschen auch über die Detektiv- und Kriminalarbeit viele falsche Vorstellungen: Die Haupttätigkeit besteht nämlich nicht aus Verfolgungsjagden und Kreuzverhören, sondern im schlichten Faktensammeln. Das heißt: Auch die Lösung des aufregendsten Kriminalfalls beginnt mit aufreibender Routinearbeit, die viel Zeit kostet. Am Tatort müssen die Kriminalisten jede kleine Spur erkennen und sichern, Zeugen befragen und Alibis überprüfen. Über Opfer und mutmaßliche Täter wird möglichst viel Material gesammelt – erst dann stellen Detektive oder Kommissare eine Theorie über den Tathergang auf. Und immer wieder müssen sie prüfen: Kann es nicht auch anders gewesen sein? Erst wenn sich eine Spur verdichtet, wird ein Verdacht geäußert.

Nach einem ähnlichen Prinzip gehen auch die Archäologen vor: Auch sie haben es mit Tatorten zu tun, deren Handelnde allerdings in der Regel schon einige Jahrtausende tot und vergessen sind. Archäologen sind die »Detektive der Vergangenheit«.

Doch sie interessieren sich nicht nur für Verbrechen, wie Braidwood erklärt: »Archäologen studieren Dinge, die Menschen gemacht haben, mit dem Ziel, deren gesamte

Lebensweise zu verstehen.« Sie interessieren sich wirklich für alle Spuren menschlicher Existenz – und verschmähen dabei nicht einmal eine Mistkuhle. Anhand all dieser Indizien versuchen sie zu rekonstruieren, was einst geschah: Wie lebten die Menschen – in Zelten, Hütten oder Häusern? Wovon lebten sie – von der Jagd, vom Ackerbau oder fertigten sie Keramikwaren oder Metallgegenstände an, die sie gegen Lebensmittel tauschten? Welche Rituale vollzogen sie, welche Götter verehrten sie?

Archäologen sind Detektive weit zurückliegender Ereignisse: Sie sichten die freigelegten Spuren und versuchen, daraus Schlüsse zu ziehen. Und dabei wägen sie ab: Das ist höchst wahrscheinlich, dieses ist fragwürdig und jenes ganz unmöglich. Immer wieder überprüfen sie: Kann alles nicht auch ganz anders gewesen sein? Und schließlich entwickeln sie eine Theorie über ein historisches Ereignis.

Doch bis Archäologen so professionell die Vergangenheit erforschten, war es ein weiter Weg. Die Archäologie begann nämlich weder als Detektivgeschichte noch als Projekt zur Rettung bedrohter Denkmäler – zunächst waren schlichtweg Plünderer der antiken Stätten am Werk. Über den Weg der Archäologie vom Raubzug zur Wissenschaft werden eine Menge Halbwahrheiten und Legenden erzählt. Im ersten Teil des Buches gehen wir deshalb erst einmal der Frage nach, was mit den antiken Ruinen geschah, bevor die Archäologen sie freilegten: Was geschah beispielsweise mit den Gräbern und Pyramiden nach dem Untergang des Ägyptischen Reiches? Warum verschwanden in den letzten 200 Jahren über 90 Prozent der Hünengräber in Nordeuropa?

Man sollte glauben, all die Geschichten über Ausgräber wären gut recherchiert. Da täuscht man sich aber gewaltig!

Viele Ausgräbergeschichten sind schlicht und einfach Legenden. Im zweiten Teil decken wir deshalb viele der überholten Archäologie-Legenden auf: Waren die größten Ausgräber Außenseiter, die eigentlich keine Ahnung von der Archäologie hatten? Wurden die größten antiken Funde wirklich zufällig gemacht? Und was wissen wir heute über den wohl berühmtesten Archäologen der Geschichte, Heinrich Schliemann?

Wie die Archäologie zu einer strengen Wissenschaft wurde, die mit Detektivmethoden vergangene Spuren enträtselt, verfolgen wir im dritten Teil des Buches: Woher stammt zum Beispiel die erste Bronze der Menschheit? Konnten die Wikinger mit ihren offenen Booten tatsächlich über den Atlantik segeln? Und anhand spektakulärer Fälle der letzten Jahrzehnte begleiten wir die Archäologen bei ihrer Hightech-Spurensuche. Nicht selten stoßen sie dabei auf Hinweise von lange zurückliegenden Verbrechen: Wer hat Ötzi die schweren Wunden beigebracht, an denen der Steinzeitmann in eisiger Höhe verstarb?

Die Archäologie wird gern als Spatenwissenschaft bezeichnet, weil Archäologen ihre Funde in der Regel erst freischaufeln müssen. Wie alle guten Detektive beginnen wir deshalb unsere Suche, indem wir das scheinbar Normalste von der Welt infrage stellen: Wie kommen die Zeugnisse alter Kulturen eigentlich unter die Erde?

TEIL I

Was mit antiken Ruinen vor der Archäologie geschah

KAPITEL I

Es muss nicht immer der Dschungel schuld sein

*Wie Gräber, Tempel und Siedlungen
unter die Erde geraten*

Überall auf der Welt suchen Archäologen nach Spuren längst untergegangener menschlicher Kulturen. Doch was bleibt eigentlich von einem üppig ausgestatteten Grab, das vor 4000 Jahren mit einem Erdhügel bedeckt wurde? Und was bleibt von den Menschen und ihren Siedlungen, die sie vor 3000 Jahren aufgegeben haben?

Der Großteil dessen, was die Menschen herstellen und hinterlassen, wird schnell von der Natur wieder verwischt. Seit die Menschen vor rund 10 000 Jahren sesshaft wurden, verwenden sie die meiste Energie darauf, Lebensmittel zu produzieren: Getreide zu pflanzen, Gemüse und Obst zu züchten und Nutztiere zu halten. All diese Produkte haben sie gegessen – und was sie wieder ausgeschieden haben, wanderte in den Boden oder über Bäche und Flüsse ins Meer. Dort wurde es von Mikroorganismen wie Bakterien weiter zersetzt und wanderte zurück in den Kreislauf der Stoffe.

Auch der Großteil der menschlichen Leichen verwest innerhalb von Monaten. Die Knochen bleiben meistens länger erhalten, doch in sauren Böden werden auch sie mit der Zeit zersetzt. In Mooren oder in extrem trockenen oder kalten Gegenden wie Wüsten oder Kältesteppen ist es anders: Hier können keine Mikroorganismen existieren, und deshalb verwandeln sich die Leichen in Mumien. Das gilt auch für andere organische Stoffe wie Blumen, Flechtwerk, Holz und Kleidung: Nur in feuchter oder extrem trockener Umgebung bleiben sie erhalten.

Am längsten überdauern nichtorganische Materialien wie Stein und Metall. Doch diese wurden zu allen Zeiten weitgehend recycelt: Steine wurden aus alten Bauwerken herausgebrochen und für neue wiederverwendet. Metalle wie Bronze wurden eingeschmolzen und für neue Waffen, Werkzeuge oder Schmuckgegenstände genutzt. Denn für all die menschlichen Spuren, die auf der Erdoberfläche einfach so herumlagen oder sich ganz dicht unter der Oberfläche befanden, gilt: Sie sind in der Regel schon vor langer Zeit zerstört oder wiederverwertet worden. Oder wenn es wertvoll war, haben es andere längst mitgenommen. Für die Archäologen ist nur übrig geblieben, was tiefer unter die Erde gelangte. Was sie finden, müssen sie in den allermeisten Fällen dem Boden oder dem Meeresgrund entreißen.

So weit, so gut – doch warum geraten Dinge überhaupt unter die Erde? Und wie kann es sein, dass einiges unter die Erde gelangt und anderes nicht? Manche Erklärungen liegen auf der Hand, andere sind dagegen überraschend.

Die Kunst, etwas verschwinden zu lassen

Vieles von dem, für das sich Archäologen interessieren, wurde von den Menschen vergangener Zeiten bewusst im Boden deponiert. Oft wollten sie es selbst später wiederfinden. Am spektakulärsten sind sogenannte Schatzfundedepots mit wertvollen Gegenständen aus Edelmetallen. Archäologen sprechen in diesem Fall meist von »Horten«.

So haben die Wikinger die Beute ihrer Plünderzüge in zahllosen solcher »Horte« über ganz Nordeuropa verstreut. Viele davon ließen sie zurück, weil sie sie nicht mehr wiederfanden, fliehen mussten oder nicht mehr vom Raubzug zurückkehrten. Allein in Schleswig-Holstein wurden in den letzten 200 Jahren 49 solcher Edelmetalldepots entdeckt: Broschen, Ketten und christliche Symbole aus Silber. Das meiste davon hatten die Wikinger in bohnengroße Stücke zerteilt – dieses »Hacksilber« diente ihnen zum Tauschen. Nur ein Bruchteil davon wurde in eigenen Schmuck wie Armreifen verwandelt.

Wie Horte sehen auch die ehemaligen Opferfelder der Germanen und ihrer Vorgänger aus. Seit der späten Steinzeit (um 10 000 v. Chr.) warfen unsere Vorfahren an besonderen Stellen Opfergaben in Seen, Flüsse und Moore. Anfangs einen Teil ihrer Nahrungsmittel, Felle und Geweihe, dann Feuersteine und eigene Waffen, später die erbeuteten Waffen ihrer Gegner und hin und wieder auch ein Mitglied aus den eigenen Reihen. Diese Opfer wurden einem Jenseits übergeben, das heißt, sie sollten nur den übernatürlichen Kräften oder Göttern in die Hände fallen, nicht habgierigen Nachfahren.

Ein Teil der Kultgegenstände, die gerade nicht gefunden werden sollten, waren kostbare Grabbeigaben, die dem Verstorbenen die Reise ins Jenseits erleichtern sollten. In der Bronzezeit etwa errichteten die Hinterbliebenen über den Grabkammern gewaltige Hügel aus Steinhaufen und Erdreich.

Mit besonderer Akribie versteckten die Baumeister im alten Ägypten die Felsgräber der Pharaonen. Der Eingang wurde nach der Beisetzung verschüttet, Statuen des furchteinflößenden Grabwächters Anubis (in der Gestalt eines schwarzen Hundes) flankierten den Zugang, und Zeichnungen am Eingang verfluchten mögliche Grabräuber. Immer neue Tricks ließen sich die Erbauer einfallen, um die Nachwelt zu täuschen: Sie fertigten falsche Pläne der Grabanlagen an und errichteten Scheintüren. Vor den eigentlichen Grabkammern erstreckten sich lange Korridore, die nach rechts und links, oben und unten führten und häufig als Sackgasse endeten. Bis heute sind noch nicht alle Pharaonengräber im sogenannten Tal der Könige entdeckt.

Doch auch viele Dinge, die eigentlich nicht unter die Erde geraten sollten, befinden sich heute dort: Tempel, die für die Ewigkeit errichtet wurden, oder zumindest ihre Fundamentmauern und eingestürzten Säulen. Und schließlich sogar ganze Siedlungen, in denen die Ausgräber noch auf die Alltagsgegenstände der einstigen Bewohner stoßen. Mit ihrem detektivischen Spürsinn versuchen Archäologen Erklärungen dafür zu finden, warum die Menschen ihr Geschirr, ihre Götterfiguren und kostbaren Metalle nicht mitgenommen haben. Mussten sie Hals über Kopf fliehen, weil sich eine Katastrophe anbahnte? Oder wurden sie überfallen und der Sieger zerstörte den Ort, ohne ihn zu plündern?

Was heißt eigentlich »unter der Erde«?
Tatsache ist, dass archäologisch wichtige Stätten sehr unterschiedlich tief in der Erde zu finden sind. Wie kommt das?

Wie tief liegen etwa Funde einer Siedlung, die vor 3000 Jahren aufgegeben wurde? Zehn Meter tief? Fünf Meter? Oder gar nur einen Meter?

Die slowakische Grabungsstätte Nizna Mysla (Bronzezeit, 1400 v. Chr.) liegt beispielsweise nur 25 Zentimeter unter der Erde. Die Archäologen geben noch einmal 30 Zentimeter dazu, um einen Hausgrundriss zu finden. Und noch einmal 80 Zentimeter, um auf den Grund der Pfostenlöcher (Löcher, in denen die Holzpfosten standen, die das Hausgerippe bildeten) zu kommen. Zusammen macht das gerade einmal 1,35 Meter – darunter stößt man dort auf keine Spuren menschlicher Zivilisation mehr.

Auch in Nordeuropa liegen die Siedlungen aus der Zeit, als die Menschen in diesen Breiten sesshaft wurden (Jungsteinzeit, 6000 bis 4000 v. Chr.), nur einige Dezimeter unter der Erde.

Stein, Bronze, Eisen – die Epochen der Menschheitsgeschichte

Zu Beginn des 19. Jahrhunderts wollte man im Dänischen Nationalmuseum in einer großen Ausstellung die herrliche Frühgeschichte Nordeuropas der Öffentlichkeit präsentieren. Der zuständige Archäologe, Christian J. Thomsen, hatte freilich ein Problem: Vor ihm lag nur ein chaotischer Berg nicht gerade imponierender Fundstücke – Faustkeile, Messer und Schwerter, Gürtelschnallen, Sicheln, noch mehr Faustkeile, Axtscheiden, Pflüge und steinerne Pfeilspitzen! Wie sollte er aus diesem wirren Haufen eine Ausstellung machen?

Thomsen begann zu sortieren: alle Steinwerkzeuge auf einen Haufen, die Bronzegegenstände auf den nächsten und die aus Eisen auf einen dritten. Er ging einfach davon aus, dass die Steinwerkzeuge älter als die aus Bronze und Eisen waren, und sortierte sie unter einem Schild »Steinzeit«. Bronzegegenstände hielt er wiederum für älter als die

---

aus Eisen (denn, so seine Logik, wer einmal ein Eisen-
schwert herstellen kann, nimmt freiwillig keine weichere
Bronze mehr dazu), und so landeten sie bei dem Schild
»Bronzezeit«. Schließlich blieb noch die »Eisenzeit« übrig.
Dieses Drei-Perioden-System, im Grunde eine Verlegen-
heitslösung, hat sich bis heute bewährt – allerdings wurde
es immer weiter untergliedert: Die Steinzeit reicht von den
ersten Frühmenschen (Hominiden) mit Steinwerkzeugen
vor etwa 2,5 Millionen Jahren bis in die Zeit vor rund
5000 Jahren. Dann lernten die Menschen mit Metallen so
gut umzugehen, dass sie die ersten Werkzeuge und Waffen
aus Bronze herstellen konnten. Die Eisenzeit in Europa
breitete sich um 800 v. Chr. von Norditalien (die Etrusker
waren die ersten Eisenschmiede dort) Richtung Nordeuropa aus und hält im Prinzip bis heute an.
Steinzeit: etwa 2,5 Mio. bis 3000 v. Chr.
Bronzezeit (je nach Region unterschiedlich): im Nahen
Osten um 3000 bis 1000 v. Chr.; in Westeuropa um 2500 bis
800 v. Chr.
Eisenzeit (je nach Region unterschiedlich): im Nahen
Osten um 1500 bis 1000 v. Chr. bis heute; in Westeuropa
um 800 v. Chr. bis heute.

Auf genaue Zentimeter-Zahlen wollen sich die Archäologen in der Regel nicht festnageln lassen, denn wer weiß
schon, wo genau in einer Kulturlandschaft mit Ackerböden
und Gärten, Wegen und Häusern die natürliche Erdoberfläche verläuft? Häufig liegen die mysteriösen kreis- und
ellipsenförmigen Erdwerke dieser Zeit immerhin so dicht
unter der Erde, etwa unter Ackerflächen, dass man noch
ihre Konturen aus der Luft erkennen kann.

Was so dicht unter der Oberfläche lag, ist freilich auch zum Großteil längst vernichtet worden. Insgesamt liegen viele archäologische Stätten aber weit weniger tief unter der Erde, als die meisten von uns erwarten würden. Wie ist das zu erklären?

Schlamm drüber – die Erosionskraft

Wo die Erdoberfläche nicht gerade zubetoniert wurde, verändert sie sich ständig – dafür sorgen die Naturkräfte Hitze und Kälte, Wind und Regen. Diesen natürlichen Prozess nennt man Erosion, und er wirkt sich in den einzelnen Regionen sehr unterschiedlich aus.

Mitten in der Wüste beispielsweise gibt es kaum Erosion. In Palmyra etwa, einer Oase in der Syrischen Wüste, die einst als Handelszentrum das westliche Ende der Seidenstraße darstellte, stehen die Säulen der alten Tempel und Arkaden heute noch frei in der Landschaft. Antike Ruinen werden in solchen Landschaften nur dort bedeckt, wo es starke Sandstürme gibt oder wo sie mitten in einem Wadi (einem trockenen Flussbett) liegen, das nach einem der seltenen Regenfälle schlammiges Wasser transportiert.

Auf Bergen oder Hügeln wiederum schleift der Wind an den Mauern von Höhenfestungen, und große Temperaturunterschiede sprengen einzelne Gesteinsbrocken aus Burg und Berg. Das Regenwasser spült sie dann – der Schwerkraft folgend – zusammen mit ausgeschwemmten Teilchen bergab. Deshalb sind die Erosionskräfte besonders an solchen Berghängen zu spüren – Siedlungen können hier über Nacht lawinenartig verschüttet werden. Trotzdem siedelten die Menschen in der Vergangenheit häufig gerade an Hängen und in Flusstälern, denn Erosion und Überschwemmungen lagern dort fruchtbare Böden ab.

Das Risiko, Opfer der Schlammfluten zu werden, ist unter diesen Umständen hoch – wie das Beispiel der Stadt Olympia auf der griechischen Halbinsel Peloponnes zeigt. Rund 1000 Jahre war der Ort die Heimstätte der Olympischen Spiele, bis diese im Jahr 394 n. Chr. als heidnischer Brauch verboten wurden. Die Wettkampfstätte verfiel und wurde im Lauf der Zeit vom benachbarten Fluss Alphaios mit einer bis zu fünf Meter dicken Schlammschicht bedeckt (s. Kapitel 9).

Schließlich gibt es Regionen, in denen der Verfall durch einen wilden Pflanzenwuchs verstärkt wird: In den Dschungeln Südostasiens und Mittel- und Südamerikas wurden und werden von Menschen verlassene Stätten in wenigen Jahren von Pflanzen überwuchert. Das an sich wäre vielleicht nur halb so schlimm, doch die weitverzweigten Wurzeln der Pflanzen bahnen sich ihren Weg durch das Mauerwerk und sprengen es einfach auf.

Vulkane, Tsunamis und andere Naturkatastrophen
Am 24. August des Jahres 79 n. Chr. erschüttert ein heftiger Erdstoß den Golf von Neapel, ein gewaltiger Knall folgt. Die Spitze des Vulkans Vesuv hat sich gespalten, ein feuriger Steinhagel prasselt auf die römischen Städte Herculaneum und Pompeji nieder. Nach dem Ascheregen strömt Lava über die beiden Orte hinweg und lässt sie unter einer mehr als vier Meter dicken Schicht verschwinden. Sie geraten buchstäblich in Vergessenheit und werden erst 1700 Jahre später – erneut nach einem Vesuv-Ausbruch – beim Aushub eingefallener Wassergräben wiederentdeckt.

Ganze Kulturen wurden durch solche oder ähnliche Naturkatastrophen vernichtet. So streiten die Forscher noch darüber, ob ein Vulkanausbruch auf der griechischen Insel

Jederzeit kann der Vesuv (im Hintergrund) wieder ausbrechen und Pompeji erneut unter seiner Lava verschütten.

Thera/Santorin oder ein Erdbeben für den Untergang der minoischen Kultur auf Kreta (Mitte des 2. Jahrtausends v. Chr.) verantwortlich war.

Ganz selten sorgt aber auch eine Naturkatastrophe dafür, dass eine Kulturspur im Turbotempo wieder freigelegt wird. Am 26. Dezember 2004 breitete sich eine gewaltige Tsunami-Welle im Pazifischen Ozean aus. Sie riss über 200 000 Menschen mit in den Tod und zerstörte viele Bauwerke an der Küste. In Südindien verschob sie außerdem die Küstenlinie: Eine Sandschicht von drei bis fünf Metern Dicke wurde an einer Stelle abgetragen und an anderer Stelle wieder angespült. Dabei kamen in Mahabalipuram (südlich von Madras) Teile einer uralten Tempelanlage wieder zum Vorschein, die Jahrhunderte vom sandigen Meeresgrund bedeckt waren. Die freigespülten Ruinen sind über zwei Meter hohe, aus dem Fels geschlagene Figuren: ein liegender Löwe, ein Elefantenkopf und ein galoppierendes Pferd. »Sie waren Teil einer kleinen Hafenstadt, die hier im 7. und 8. Jahrhundert existiert hat, bevor sie im Meer verschwand«, erklärte der Sprecher der indischen Archäologie-Behörde.

Etliche ehemalige Siedlungen und Städte ruhen unter noch dickeren Schichten, die bis zu 20, 30 Meter erreichen können. Die größten Ablagerungen, unter denen archäologische Stätten liegen, stammen dabei meist von den Menschen selbst!

Untergang durch Zumüllen

Von unserem heutigen Alltagsleben gerät kaum noch etwas unter die Erde. Alles wird fein säuberlich sortiert und abgeholt: Papier, Flaschen, Altmetall, Verpackungen mit dem Grünen Punkt, Biomüll, sogenannter Restmüll, Sperrmüll und Autos. Selbst Wohnhäuser, Fabriken und Brücken werden nach ihrer Nutzung zerlegt und »entsorgt«, wie es so schön heißt.

Das war früher anders: Die Städte des Mittelalters waren geradezu berüchtigt dafür, dass ihre Bewohner alles auf die Straße kippten – von Essensabfällen bis zum vollen Nachttopf. Dementsprechend findet die Archäologie immer wieder jahrtausendealte Zeugnisse dafür, wie Menschen förmlich in ihrem eigenen Müll erstickten.

Ein besonders beeindruckendes Beispiel ist der Siedlungshügel Tall Chuera im heutigen Syrien. Der Tübinger Archäologe Peter Pfälzner hat Tall Chuera mit seinem Team von 1995 bis 1997 eingehend untersucht und dort die gut erhaltenen Überreste einer mittelgroßen Stadt aus dem 3. Jahrtausend v. Chr. gefunden, die damals rund 50 000 Einwohner zählte.

Zunächst deuteten sämtliche Spuren im Ort auf ein

Der Streit der Wissenschaftler oder: Wem gehören
die Knochen, wem die Faustkeile und
wem die Skulpturen?

Faustkeile und Speere der Altsteinzeit sind gewissermaßen
die »Zankäpfel« zwischen der Archäologie und der
Paläontologie.

Die Paläontologie (wörtlich: Lehre vom altertümlichen
Sein) ist die Wissenschaft von den früheren, ausgestorbe-
nen Lebensformen, den Fossilien. Werden nur fossile
Knochen gefunden, gehört die Beute eindeutig den
Paläontologen, menschliche Knochen untersucht ein
darauf spezialisierter Kollege, der Paläoanthropologe
(wörtlich: Lehre vom altertümlichen Menschen.)

Werden menschliche Knochen und Werkzeuge wie Stein-
geräte gefunden, werden diese Funde einem Archäologen
anvertraut, der sich besonders auf frühe Menschheitsspuren
spezialisiert hat: der Ur- und Vorgeschichtler. Dessen
Hauptarbeitsgebiet beginnt mit den ersten Siedlungen
(etwa 7000 v. Chr.) und reicht bis zum Ende der Bronzezeit
(800 bis 600 v. Chr.)

Danach erst beginnt das Arbeitsfeld der »Klassischen
Archäologie« – sie hat sich auf ein zeitlich gesehen kleines
Gebiet konzentriert: die klassische Antike Griechenlands und des Römischen Reiches (etwa 600 v. Chr. bis
500 n. Chr.). Das ist nur ein kleiner Teil der Eisenzeit.

Mit dem folgenden Mittelalter beschäftigen sich dann
die Frühgeschichtler. Darüber hinaus gibt es noch
Archäologen, die sich auf bestimmte Gegenden konzentrieren wie Ägyptologen oder Vorderasiatische
Archäologen.

bemerkenswertes Ordnungsprinzip hin: Alle Wohnhäuser wiesen eine Breite von exakt 7,50 Meter auf. Diese Reihenhäuser waren vollkommen gleich aufgebaut und bestanden aus Eingangskorridor, Innenhof und zwei sich anschließenden Wohnräumen – alles im Einheitsmaß.

In der Mitte der Stadt lag in einer Senke ein freier Platz, der die angrenzende Tempelanlage mit dem Fürstenpalast verband und auf dem sicherlich Feste, Märkte und Zeremonien stattfanden. Zumindest am Anfang – doch dann geschah etwas Merkwürdiges: Der Zentralplatz versank langsam, aber sicher im Müll. Eine zwölf Meter (!) dicke Schicht aus Asche, Tierknochen und zerbrochenem Geschirr haben die Archäologen inzwischen freigelegt und untersucht.

Warum sich die Stadt derartig in den Abgrund müllte, wissen die Archäologen nicht zu sagen. Grabungsleiter Pfälzner kann nur das Ergebnis feststellen: »Tall Chuera ist das früheste Beispiel einer Stadt, die in der Blüte ihrer Entwicklung an ihrem eigenen Müll erstickte.«

Liegen lassen – tritt sich fest!
Es muss jedoch nicht immer Müll sein – auch normaler Siedlungsschutt kann sich zu regelrechten Hügeln auftürmen. Das liegt vor allem daran, dass Siedlungen und Städte im Laufe der Jahrtausende immer wieder an den gleichen bevorzugten Stellen errichtet worden sind – an natürlichen Hafenbuchten, an Flussmündungen und auf Hügelkuppen.

So liegen in Köln die Bauelemente der rund 2000 Jahre alten römischen Stadt Colonia Claudia Ara Agrippinensium unter zwei bis sieben Meter tiefen Schichten Bauschutt. Beim Bau einer neuen U-Bahn-Strecke im Jahr 2005 bekamen die Archäologen die seltene Gelegenheit zu einem wunderbaren Längsschnitt durch diese Schutttorte.

Noch gewaltiger sind diese Siedlungsschichten dort, wo man Lehm für den Hausbau benutzte. Häuser aus Lehm werden in der Regel nach 20 bis 25 Jahren brüchig, und da der Baustoff nicht recycelbar ist, planierte man ihn früher kurzerhand ein und errichtete das neue Haus darüber. Im Laufe der Jahrhunderte wuchs auf diese Weise Schicht für Schicht ein Hügel, der mitunter 20 bis 30 Meter hoch ist. Solche künstlichen Hügel, die Tepe oder Tell (auch: Tall) genannt werden, finden sich noch heute vor allem in den Regionen rund um das Mittelmeer und im Nahen Osten. Auf die prominentesten Beispiele wie Troia, Ur und Babylon kommen wir in späteren Kapiteln noch ausführlicher zurück.

Fahrstuhl oder Achterbahn in die Vergangenheit?
Eine Zeitreise auf den Spuren der Archäologen gleicht aber keiner ruhigen Fahrt mit der Rolltreppe durch regelmäßige Schichten – beispielsweise pro Jahrhundert zehn Zentimeter Erdschicht. Das Ganze ähnelt eher einer Fahrt mit der Achterbahn: neolithische Erdwerke (6000 v. Chr.): 20 Zentimeter tief; Babylon (2200 v. Chr.): 2000 Zentimeter tief; bronzezeitliches Nizna Mysla (1400 v. Chr.): 25 Zentimeter tief; Olympia (4. Jahrhundert n. Chr.): 500 Zentimeter tief.

Alle bislang genannten Beispiele bezogen sich auf die letzten 13 000 Jahre. Bei noch älteren Funden sieht die Sache schon anders aus, denn hier kommt in Europa die Eiszeit ins Spiel.

Bis vor zwei Millionen Jahren war es auf der Erde schön warm – überall Karibik sozusagen. Weil es danach erheblich abkühlte, wird diese Epoche, die bis vor 13 000 Jahren anhielt, Eiszeitalter genannt (Geologen sprechen auch vom Quartär). Doch Eiszeitalter heißt nicht, dass es durchgehend

Ehemalige Siedlungen aus Lehmhäusern hinterlassen meterdicke
Schichten, durch die sich die Archäologen nur mühsam vorarbeiten.

kalt blieb – immer wieder wurden die Eiszeiten (Glazial)
von kleinen Warmzeiten (Interglazial) unterbrochen. Obwohl die Abkühlung dabei im Durchschnitt nur vier Grad
ausmachte, war die Wirkung gewaltig: Über Nordeuropa
bildete sich eine bis zu 3000 Meter dicke Eisdecke, die auf
ihrem Weg nach Süden ganze Bergspitzen abtrug und riesige Mengen an Steinen, Sanden und Lössboden bis nach
Mitteldeutschland hineinschob. Die in den Warmzeiten
entstandenen üppigen Schichten aus Tier- und Pflanzen-
resten wurden dann von den Gletschern der nächsten Eiszeit wieder bedeckt. So entstanden dicke Moorschichten,
die sich im Laufe der Jahrtausende in Torf verwandelten.
Und irgendwo dazwischen gab es immer wieder auch Reste
menschlichen Lebens.

Mit dem Abraumbagger in die Urgeschichte

Mit dem Spaten können die Archäologen in diesen Tiefen nichts mehr ausrichten. Wo sollen sie überhaupt anfangen zu suchen, wenn es an der Erdoberfläche keinerlei Indizien für Funde in fünf, zehn, fünfzehn Metern Tiefe gibt? Und selbst wenn sie es wüssten, wer sollte die aufwändigen Aushubarbeiten bezahlen? Da kam dem niedersächsischen Archäologen Hartmut Thieme eine geniale Idee: Wenn die großen Abraumbagger nicht zu ihm kommen, dann muss er eben zu den Abraumbaggern gehen!

Zwischen der Stadt Helmstedt und dem zehn Kilometer südlicher gelegenen Schöningen befindet sich eines der großen deutschen Braunkohlenreviere, in dem die Kohle im Tagebau abgetragen wird. Um an den 15, 30, oft bis zu 50 Meter unter der Erde liegenden Energieträger zu kommen, tragen Bagger, die die Ausmaße von Parkhäusern haben, auf sechs Quadratkilometern systematisch Schicht für Schicht das Erdreich ab und dringen so immer weiter in die Erdgeschichte vor – und die Archäologen mit ihnen.

In den oberen zwei Metern aus Humusschichten und Lössböden stieß man zunächst auf Gräber aus der Eisen- und der Bronzezeit. Weiter tiefer folgten urgeschichtliche Siedlungen verschiedener Kulturen, darunter eine ausgedehnte Siedlung aus der ersten Bauernkultur in Deutschland (um 6000 v. Chr.). Schließlich stießen Bagger und Archäologen in 15 Metern Tiefe – in einer etwa 400 000 Jahre alten Schicht – mitten im Braunkohlentorf auf die ältesten Speere, die je entdeckt worden sind. Normalerweise werden organische Gegenstände wie Holz im Laufe der Jahrtausende von Bakterien zersetzt. Doch im Moor, aus dem nach und nach der Torf wurde, aus dem wiederum die heutige Braunkohle besteht, können diese Zersetzungsexperten nicht überleben.

Nach 400 000 Jahren freigelegt – die Holzspeere des Jagdlagers
von Schöningen.

Während sich rundherum die Bagger weiter in die Tiefe fraßen, legten die Archäologen ein ganzes altsteinzeitliches Wildpferd-Jagdlager frei. Nicht nur Speere kamen ans Tageslicht, sondern auch Berge von Knochen, die überwiegend von Wildpferden, aber auch von Wisent, Rothirsch und Wildesel stammen, mehrere Feuerstellen und ein angebrannter Holzspieß – das erste nachweisbare Schaschlik! Die ganzen Hinterlassenschaften dieser Jagdgesellschaft lagen gewissermaßen »schockgefroren« vor den Ausgräbern. Archäologen sprechen in so einem Fall gern von einer »Zeitkapsel« – es ist, als wäre ein Tatort kurz nach dem Verbrechen abgesperrt worden, um keine Spuren zu verwischen.

Noch weiter zurück in die Menschheitsgeschichte geht es nur dort, wo einerseits Menschen viel früher lebten und andererseits die Erosion viel stärker gearbeitet hat. Die Oldovai-Schlucht in Tansania ist so ein Ort: Vor zwei Millionen Jahren besuchten dort frühe Menschen einen See, der später mit Sedimenten und Vulkanasche überdeckt wurde. Vor 500 000 Jahren bildete sich ein gewaltiger Riss im Boden, der dann von Wassermassen zum heutigen Tal ausgeschwemmt wurde. Am erodierten Talhang finden deshalb Forscher in unserer Zeit immer wieder einzelne Steinwerkzeuge und fossile Knochen von Hominiden und ihrer möglichen Jagdbeute – allerdings keine voll erhaltenen Lager wie in Schöningen.

KAPITEL 2

Megalithgräber, mykenische Burgen und das größte Marmorlager des Mittelalters

Wie die Menschen mit den sichtbaren Resten alter Kulturen umgingen

Die meisten Spuren menschlicher Kulturen verschwanden im Laufe der Zeit, doch einige steinerne Zeugnisse überdauerten die Jahrtausende. Wie verhielten sich die Menschen gegenüber diesen Relikten? Welche Vorstellungen verbanden sie damit? Was geschah mit den Großsteinbauten in Nordeuropa, mit den mykenischen Felsenburgen oder den Überresten von Karthago, einer der größten und mächtigsten Städte der Antike? Haben die Menschen diese monumentalen Zeugnisse vergangener Zeiten bewundert und bewahrt oder haben sie sie verachtet und als Materiallager für ihre eigenen Bautätigkeiten benutzt? Oder ließen sie sie einfach links liegen?

Großsteinbauten in Nordeuropa
Im Falle der Großsteinbauten in Nordeuropa konnten die Menschen schlecht über sie hinwegsehen. Dazu waren sie einfach zu groß, und es waren zu viele.

Noch bis vor rund 200 Jahren standen Tausende solcher

Megalithbauten in den Landschaften West- und Nordeuropas – von Irland über Großbritannien, Frankreich, Holland, Deutschland bis nach Dänemark, Schweden und Polen. Sie thronten an zentralen Stellen, auf Hügeln und an Flussufern und dienten lange Zeit als wichtige Wegmarken. Wie sehr diese Bauten das Landschaftsbild einmal beeinflusst haben, kann man heute noch südwestlich von Oldenburg erfahren: Um die kleine Stadt Wildeshausen herum stehen noch 33 solcher Megalithbauten so dicht beieinander, dass man bequem von einem zum anderen spazieren kann. Und ebenso wie unsere Vorfahren in den vergangenen Jahrhunderten bleibt man irgendwann vor einem dieser uralten Bauwerke staunend stehen und fragt sich: Wie haben die Menschen das damals gemacht? Schließlich wurden die verschiedenen Varianten der Megalithen in Nordeuropa fast immer aus Findlingen erbaut – aus tonnenschweren Steinen, die von den Gletschern der Eiszeiten über ganz Nordeuropa verteilt wurden.

Eine einfache Grabkammer aus Stein für die Verstorbenen und ihre Beigaben (meist Schmuck und Proviant für die Reise ins Jenseits) bildet der »Heidenopfertisch« bei Großenkneten. Dieser Steintisch, auch Dolmen genannt, besteht aus einem gewaltigen Deckstein (der »Tischplatte«), der von Tragsteinen vorn, hinten und an den Seiten (den »Tischbeinen«) gestützt wird. Eine aufwendigere Form dagegen ist ein sogenanntes Hünenbett, das aus einer ovalen Umwallung von Findlingen besteht, die bis zu 100 Meter lang sein kann und eine oder mehrere Grabkammern im Inneren birgt – wie die Grabanlagen Kleinenkneten I und II. Von Grab II stehen heute noch die Umwallung und die Grabkammern – diese Überreste bilden jedoch nur das von Regen und Wind freigelegte steinerne Gerippe des eins-

Mit seinem sieben Meter breiten und fünf Meter langen Deckstein erinnert der »Heidenopfertisch« bei Wildeshausen tatsächlich an einen von Tragsteinen gestützten Tisch.

tigen Bauwerks. Denn fast alle Großsteingräber waren nach ihrer Vollendung von Erdhügeln bedeckt. Das Grab I wurde von Archäologen in diesen Zustand zurückversetzt, indem sie das umliegende Erdreich wieder über die Umwallung auftürmten.

Von diesen gewaltigen Bauwerken geht etwas Bedrohliches aus – sie machen uns so winzig und hilflos. Wir können nicht einmal den kleinsten ihrer Steine zum Wackeln bringen. Nicht umsonst werden sie bis heute »Hünengräber« und »Hünenbetten« genannt, also Betten und Gräber von Riesen.

Im Mittelalter wurden unzählige Legenden darüber erzählt, wie die Gräber einst entstanden sein sollen. Beispielsweise war in den Augen der Einheimischen das Großsteingrab bei Sassnitz auf Rügen, an dessen westlichem Ende zwei große Ecksteine stehen, das Grab zweier Riesenkinder, die im nahe gelegenen See ertrunken waren.

So dachten nicht nur einfache Bauern, sondern auch gebildete Menschen noch bis ins 17./18. Jahrhundert hinein – wie der Bentheimer Forscher und Theologe Johan Picardt: »Sicher ist es, dass diese Steindenkmäler nicht von Menschen unserer Gestalt und auch nicht von Einheimischen errichtet wurden. Diese besaßen nicht die Kraft und die Handfertigkeit, solche gewaltigen Prachtbauten zu errichten, auch hatten sie keine Maschinen oder Instrumente, um solche schweren Steine von weit her durch unwegsames Gelände zu transportieren und schließlich übereinanderzustapeln, da diese Steine sehr groß und schwer waren ... Sie sind alle zusammen Begräbnisplätze von grausamen und barbarischen Riesen, Hünen oder Giganten, den Nachkommen von Menschen schrecklicher Gestalt, riesigen Kräften und tierischer Wildheit, die weder Gott noch die Menschen gefürchtet haben, die nur geboren waren zum Unglück des menschlichen Geschlechts.«

Dank der archäologischen Forschung der letzten 150 Jahre wissen wir es heute besser: Skelette, die in noch verschlossenen Hünengräbern lagen, beweisen nicht nur, dass die Dolmen und Hünenbetten in Nordeuropa eindeutig als Grabanlagen erbaut wurden, sondern sie bezeugen auch, dass die Bestatteten normale Menschen waren, keine Riesen. Und die große Anzahl der Knochen zeigt: In den Großsteingräbern wurden viele Menschen gemeinsam beigesetzt. Das heißt, sie lebten in einer Gesellschaft, in der alle gleich waren und noch kein Häuptling oder Fürst über die anderen herrschte. Der Großteil der Hünengräber und -betten wurde noch in der Jungsteinzeit (4800 bis 2000 v. Chr.) erbaut – zu der Zeit also, als die Menschen in Nordeuropa

Die wahren Flintstones – jungsteinzeitliche
Megalithkulturen

Nicht Kleckern, sondern Klotzen – hieß die Devise in
der Jungsteinzeit. Von der Atlantikküste Westeuropas
über Nordeuropa bis in den westlichen Mittelmeerraum
reicht das Gebiet, in dem die Menschen zwischen 4800
und 2000 v. Chr. Hünen- oder Großsteingräber errichteten
– sogenannte Megalithanlagen (griechisch: megas – groß,
lithos – Stein). Es gibt verschiedene Ausführungen:
Menhire (lange, aufrecht gestellte Steine), Grabhügel,
Steinkreise, Steinreihen oder Dolmen (Kammergräber
mit senkrechten Tragsteinen und einem oder mehreren
horizontalen Decksteinen).
Megalithplätze dienten als Bestattungsorte, Kultanlagen
und Opferplätze oder einfach als Markierung des
Siedlungsgebiets. Allen gemeinsam ist: Ihren Bewohnern
waren Metalle noch unbekannt – deshalb gehören sie
in die letzte Phase der Steinzeit, der Jungsteinzeit.
In dieser Phase wurden die Menschen sesshaft und
begannen Ackerbau und Viehzucht zu betreiben.

dazu übergingen, Ackerbau und Viehzucht zu betreiben.
Dazu mussten sie die Wälder abholzen und den Boden
bearbeiten – und irgendwie gehörten auch die Großsteingräber dazu.

Einige Forscher sagen: Die Megalithbauern haben mit
den Steinen ihr Territorium markiert. Andere Forscher
gehen weiter und meinen: Die Gräber wurden so in die
Landschaft gesetzt, dass die guten Geister der Verstorbenen
über das Land wachen und für dessen Fruchtbarkeit sorgen
konnten. Und wieder andere Forscher sagen: Die Groß-

steingräber wurden so weit abseits der Siedlungen errichtet, dass die unheilvollen Kräfte der Verstorbenen eben gerade nicht mit den Kräften der Lebenden in Berührung kamen. Tatsache bleibt: Die Megalithgräber wurden an besonderen Stellen errichtet und nicht einfach dort, wo genug Findlinge herumlagen.

Herrschersitz im Zeichen der Löwen

Auch die Griechen des klassischen Altertums hatten schon Ruinen vor den Augen. Über 100 verlassene Felsenburgen verteilten sich über Anhöhen im südlichen Griechenland – keine davon war jedoch mit der Zitadelle von Mykene vergleichbar.

Mykenische Fürstentümer

Zwischen 1600 und 1500 v. Chr. entstanden überall auf der Peloponnes und in einigen Regionen auf dem griechischen Festland eigenständige Fürstentümer. Als Zentrum ihrer Herrschaftsgebiete errichteten sie Burganlagen wie die von Mykene. Überreste solcher Festungen gibt es noch im benachbarten Tiryns und Pylos, aber auch im entfernten Athen.

Als um 1450 v. Chr. heftige Erdbeben Kreta erschütterten und die dort ansässigen Minoer schwächten, wurden sie von den Mykenern unterworfen. Nach dem Vorbild der Minoer ließ der König von Mykene auf seinem Burgberg eine großartige Palastanlage errichten – den Mittelpunkt bildete ein bunt bemalter Festsaal, dessen hohe Decke von dicken Säulen getragen wurde, die im Zickzackstil bemalt waren. Die Palastanlage wurde von der bis zu acht Meter dicken Kyklopenmauer umbaut.

Auf der Atlas-Karte scheint die zerklüftete Peloponnes-Halbinsel wie ein großes tropfendes Dreieck unter dem griechischen Festland zu hängen. Ganz im Südwesten dieses gebirgigen Dreiecks hat sich ein besonders breites Tal zwischen die Berge geschoben, das sich trichterförmig zum Meer hin öffnet. Am Ausgangspunkt dieses Trichter-Tals thront auf einem Felsvorsprung die Festung von Mykene.

Der Zugang zur Burganlage erfolgt immer noch durch das berühmte »Löwentor«, das in die hohe Festungsmauer eingelassen ist. Zwei riesige Steinquader an den Seiten stützen einen über 20 Tonnen schweren Querbalken, in den zwei Löwen eingemeißelt sind, die sich zur Rechten und Linken einer Säule aufrichten. Gleich hinter dem Tor liegt ein kreisrunder Kultplatz, der von zwei Ringen aus geglätteten Sandsteinen umrandet wird. Hier fand Heinrich Schliemann 1876 unter sieben Metern Schutt Gräber mit wertvollsten Beigaben – darunter ein ovales Goldblech, das einem Gesicht nachgeformt wurde. Schliemann erklärte es sofort zur Totenmaske des legendären Agamemnon, der die griechischen Schiffe gegen Troia geführt hatte (s. Kapitel 8). Neben diesem Kultplatz geht eine breite Steintreppe den Hügel hinauf, an Ruinen ehemaliger Wohnhäuser vorbei. Auf der höchsten Erhebung – 35 Meter über dem Löwentor – lag der einstige Palast.

Von der früheren Pracht des Palastes zeugen heute nur noch die Fundamentmauern, aber die Festungsanlage mit ihrer gewaltigen Fläche von rund 30 000 Quadratmetern – größer als vier Fußballfelder – weiß auch heute noch zu beeindrucken. Sie wird von einer bis zu 17 Meter hohen Mauer aus gewaltigen Kalksteinblöcken umgeben. Tonnen von Gestein – wie mit einer maschinellen Steinsäge in Quader zerschnitten und wie mit einem Schwerkran auf den

»Schachtgräberrund A« – so nüchtern benannten die Archäologen das auffällige Bauwerk in Mykene, in dessen Tiefen Schliemann seine »Maske des Agamemnon« fand.

Berg und an die richtigen Stellen platziert. Wie konnten Menschen ohne unsere heutigen Hilfsmittel ein solches Bauwerk hoch oben auf einer Berghöhe errichten?

Die alten Griechen dachten: Solch eine Tat können nur Helden vollbringen, wie sie Homer in seinen Dichtungen *Ilias* und *Odyssee* geschildert hat. Helden wie Agamemnon, Hektor und Odysseus, die gemeinsam gegen Troia in den Krieg gezogen waren (s. Kapitel 8). Oder waren es doch die Kyklopen, nach denen die gewaltigen Wehranlagen, die »Kyklopenmauern«, benannt sind?

Kyklopen oder auch Zyklopen sind in der griechischen Mythologie Halbgötter von riesenhafter Gestalt mit nur einem Auge mitten auf der Stirn. Sie haben Zeus zur Macht verholfen und schmieden ihm weiter seine Blitze, mit deren Hilfe er über die Welt herrscht. Deshalb hat Zeus dafür gesorgt, dass sie nicht arbeiten müssen. Das wiederum hat dazu geführt, dass sie rachsüchtig wurden und verdummten – das eine Auge deutet darauf hin. Heute würden wir sagen: Kampfroboter mit dem Steuerungschip eines Dampfbügeleisens.

Ob nun Kyklopen oder Homer'sche Helden – hin und wieder fanden die Griechen riesige Knochen in der Nähe mykenischer Burgen. Ihnen war damit endgültig klar: Ihre Vorfahren waren körperliche Riesen, sie selbst dagegen waren verweichlicht und geschrumpft. Heute nimmt man an, dass die Knochen von urzeitlichen Tieren wie Mammuts oder von Walen stammten.

Die Archäologen wollten nicht nur wissen, wer die bis zu acht Meter dicken Kyklopenmauer wirklich errichtete, sondern auch: Wozu diente sie? Denn um die Anhöhe gegen Feinde zu verteidigen, die bestenfalls mit Pfeil und Bogen, Schwert und Lanze bewaffnet waren, hätte auch eine viel bescheidenere Anlage gereicht. Die einzig mögliche Antwort für die Forscher: Die Mauer sollte vor allem die eigenen Untertanen einschüchtern!

Allerdings war es viel aufwendiger, die Kyklopenmauern in Griechenland zu errichten als beispielsweise die Großsteingräber in Nordeuropa. Da es in Griechenland keine Findlinge gab, musste das Gestein aus den massiven Bergen geschlagen, auf die Anhöhe transportiert und dort zu hohen Mauern aufgeschichtet werden. Eine echte Sklavenarbeit! Und genau das war es auch: Sklavenarbeit! Nachdem die Forscher gelernt haben, die Linear-B-Schrift zu entziffern, lässt es sich sogar nachlesen. Die Mykener nutzten ihre Schrift nämlich vor allem für die fürstliche Buchhaltung, und dort findet sich folgende Notiz: »Nach dem letzten Kriegszug verfügen wir über genau soundso viele Sklaven, die wir nun zum Bau der Festungsmauer einsetzen.«

Marmor zu verschenken!

Ortswechsel: an der nordafrikanischen Küste nahe dem heutigen Tunis. Ähnlich wie die mykenischen Burgen in Griechenland thronte dort das ganze Mittelalter hindurch eine gewaltige Ruine: das römische Karthago.

Das eigentliche Karthago jedoch war lange vor den Römern im 7. oder 8. Jahrhundert v. Chr. von den Phöniziern gegründet worden, dem ältesten Seefahrervolk, das im heutigen Libanon beheimatet war. Die folgenden zwei Jahrhunderte beherrschte Karthago mit seiner starken Kriegs- und Handelsflotte das westliche Mittelmeer und gründete Kolonien in Marokko, auf Sizilien und der Iberischen Halbinsel.

Doch dann begann Rom ebenfalls Schiffe zu bauen und an den Küsten Kolonien zu gründen. Es kam zum unvermeidbaren Kampf der Platzhirsche, den sogenannten Punischen Kriegen (die Phönizier im Westen wurden Punier genannt).

Die Punischen Kriege

Das westliche Mittelmeer war einfach zu klein für zwei ständig wachsende Mächte wie Rom und Karthago. Man schloss zwar immer wieder Freundschaftsverträge, kam sich dann aber doch in die Quere, bis 264 v. Chr. der offene Krieg ausbrach.

Der erste Punische Krieg dauerte über 20 Jahre und endete schließlich mit einem entscheidenden Sieg der römischen Flotte 241 v. Chr. Karthago musste Sizilien an Rom abgeben, war aber ansonsten kaum geschwächt. So brach bereits 218 v. Chr. der zweite Punische Krieg aus. Die Punier besaßen Kolonien auf der Iberischen Halbinsel.

Von dort zog ein punisches Heer unter Führung von Hannibal gegen die Römer. Sie überquerten die Alpen, gewannen mehrere Schlachten und marschierten im Jahr 216 v. Chr. auf die Tore Roms zu. Der Dauerkonflikt mit Rom schien sich zugunsten der Karthager zu entscheiden. Doch auf dem Höhepunkt seiner militärischen Erfolge wurde Hannibal nicht mehr von seiner Heimatstadt unterstützt. In den folgenden Jahren wandelte sich das Kriegsglück – die Punier wurden 202 v. Chr. in einer Entscheidungsschlacht vom römischen Feldherrn Publicus Cornelius Scipio geschlagen.

Doch auch diese Niederlage bedeutete noch nicht den endgültigen Zusammenbruch für Karthago. Hiermit konnten sich die Römer nicht abfinden. Besonders einer nicht – der Politiker und glänzende Rhetoriker Cato beendete jede seiner Reden mit dem Satz: »Im Übrigen gehört Karthago vernichtet!« In einem dritten Feldzug belagerten die Römer die punische Hauptstadt drei Jahre lang und eroberten sie schließlich 146 v. Chr. Die Mauern und Gebäude Karthagos wurden zerstört, der Boden mit Salz unfruchtbar gemacht und das gesamte Areal mit einem Bann belegt.

Nach drei Feldzügen eroberten die Römer 146 v. Chr. Karthago endgültig und machten es dem Erdboden gleich. Der Standort der Stadt war jedoch so günstig, dass Caesar 44 v. Chr. ein neues Karthago an dieser Stelle aufbauen ließ: »Colonia Iulia Concordia Carthago«.

Im Laufe der Zeit wurde das neue Karthago größer, protziger und schöner als das ursprüngliche Karthago jemals hätte sein können. Mit über 200 000 Einwohnern wurde es eine der größten Städte des Römischen Reiches

und verfügte über eine stattliche Anzahl öffentlicher Pracht-
gebäude: Neben einem normalen halbrunden Theater gab
es ein Amphitheater (ähnlich wie das Kolosseum in Rom)
für 36 000 Zuschauer und einen Circus für Wagenrennen,
der 570 Meter lang war und bis zu 70 000 Zuschauern Platz
bot. Das Wasser wurde über ein Aquädukt aus 90 Kilometern entfernten Bergen hergeleitet. Die direkt an der
Bucht gelegenen »Thermen des Antonius Pius« waren mit
18 000 Quadratmetern (so groß wie zwei Fußballfelder) das
größte Bade- und Kulturzentrum ihrer Zeit: 300 Meter lang
und von den Kellergewölben bis zum Dach stolze 30 Meter
hoch.

Im 3. Jahrhundert n. Chr. wurde Karthago zu einem
christlichen Bischofssitz und überdauerte so den Untergang
des Römischen Reiches. Erst 698 wurde die Stadt von den
anstürmenden Arabern erobert und zerstört. Doch was heißt
schon zerstört?

Die Stadt wurde unbewohnbar, aber ihre Ruinen erstreckten sich bis zum Horizont. Sie waren so überwältigend
groß, dass noch im 11. Jahrhundert der arabische Chronist
und Geograf El-Bekri berichtete: »Wenn jemand Karthago
jeden Tag besichtigen würde, stieße er jedes Mal auf ein
neues Wunder, das er vorher noch nicht bemerkt hatte.«
Und er prophezeite: »Selbst wenn alle Bewohner Nordafri-
kas mit vereinten Kräften die Marmorblöcke wegtranspor-
tieren wollten, würden sie niemals damit fertig werden.«

Mit dieser Prophezeiung sollte er sich jedoch gewaltig
irren. Im großen Stil wurden in den folgenden Jahrhunderten Marmorblöcke aus den Trümmern herausgebrochen.
Ein Großteil wurde in das Osmanische Reich exportiert,
um Moscheen und Paläste zu verzieren. Aber auch das
Abendland ließ Karthagos Überreste bedenkenlos plün-

Römisches Karthago – die wiederaufgerichteten Säulen
lassen erahnen, wie groß die Thermen des Antonius Pius einst
gewesen sein müssen.

dern. Zum Beispiel im 16. Jahrhundert durch den Flotten-admiral Andrea Doria aus Genua. Dieser Admiral ließ seine Flotte häufig vor Karthago ankern. Seine Mannschaft muss-te dann viele Wochen lang kämpfen. Nicht mit Waffen gegen einen Feind, sondern mit Stemmeisen, um den Marmor freizulegen, der von seiner Flotte abtransportiert wurde. Diese Marmorblöcke gelangten bis ins englische Canter-bury oder wurden zum Bau der Kathedralen von Pisa und Genua verwendet. Was an Kunstwerken aus punischer, römischer und frühchristlicher Zeit geborgen wurde, ge-langte über Umwege in die Museen von Wien, Leiden, Madrid, London, Marseille und Krakau.

Als 1807 schließlich der französische Schriftsteller Fran-çois Chateaubriand vor dem ehemaligen Karthago landete, konnte er seine Enttäuschung nicht mäßigen. »Wir warfen Anker vor jenen Ruinen, die so unscheinbar waren, dass sie sich kaum vom Boden abhoben. Das also war Karthago.«

Und wie ging es weiter?
So unterschiedlich sich das Schicksal von Karthago, der Großsteingräber in Nordeuropa oder der mykenischen Fel-senburgen in Griechenland gestaltete, so unterschiedlich verlief auch die jüngere Geschichte dieser steinernen Zeug-nisse.

In Karthago gruben Diplomaten, Geistliche und Ge-lehrte erst ab Mitte des 19. Jahrhunderts. Sie hegten aber lange Zweifel, ob neben der römischen tatsächlich auch die punische Stadt gelegen hatte. Die mächtigen Ruinen wie das Amphitheater, das Aquädukt und die Thermen stamm-ten ja alle aus der römischen Zeit.

Fast wären die Zeugnisse der punischen Stadt für immer unter Asphalt und Beton verschwunden. Denn seit dem

Ende des Zweiten Weltkrieges breitete sich ein Villenvorort von Tunis direkt auf dem Gelände des historischen Karthago aus. Nachdem aber 1975 die Aktion »Rettet Karthago« ins Leben gerufen worden war, arbeiten sich Archäologen-Teams aus aller Welt in Vorgärten und auf Brachflächen zum Karthago Hannibals vor.

Mykene hatte da mehr Glück: Es lag weit weg von jeder Siedlung, und der Transport der Kyklopensteine zur Küste wäre ein äußerst aufwendiges Unternehmen geworden. Deshalb blieb die Felsenburg weitgehend erhalten und musste nur mit einer »Degradierung« fertig werden: Sie diente jahrhundertelang als überdimensionierter Schaf- und Ziegenstall, bis sie im 19. Jahrhundert erforscht wurde.

Die wechselhafteste Geschichte weisen die Megalith-bauten in Nord- und Westeuropa auf. Das Christentum ließ im Mittelalter einerseits etliche heidnische Plätze zerstören, andererseits nutzte es zahlreiche Megalithbauten für die eigene Religion. So wurde aus der Spitze des acht Meter hohen Menhir von Saint-Duzec in der Nordbretagne ein Kreuz geschlagen. Den sieben Meter hohen Menhir des hessischen Dorfes Langenstein (der Name des ganzen Dorfes leitet sich von dem »langen Stein« ab) ließen die Geist-lichen in die Kirchenmauer einbauen.

Trotzdem behielten viele Großsteingräber ihren Platz im Brauchtum der einfachen Leute – wie beispielsweise die »Visbeker Braut« und der »Visbeker Bräutigam« bei Wildes-hausen. Über 104 Meter erstreckt sich die Umwallung des im Volksmund »Visbeker Bräutigam« genannten Hünen-bettes, in dem die knapp zehn Meter lange Grabkammer ruht. In Länge und Art entsprechend, befindet sich ein zweites Hünenbett rund vier Kilometer weiter nordwest-lich, das folglich zur »Visbeker Braut« erklärt wurde. Der

Sage nach fanden Braut und Bräutigam nie zusammen. Denn die Braut soll ihren von den Verwandten auserwählten Bräutigam so gehasst haben, dass sie sich wünschte: Lieber will ich zu Stein erstarren, als die Ehe zu vollziehen. Und wie es in Legenden so geht – prompt wurde der Wunsch erfüllt! Hintergrund dieser Sage ist vermutlich der Brauch, Hochzeitszeremonien an den Steingräbern abzuhalten. Warum gerade dort? Dolmen und Hünenbetten wurden als das Werk von Riesen, Kyklopen oder gar teuflischen Mächten angesehen. Doch diese verfügten über ungeheure Kräfte und große Fruchtbarkeit, und man glaubte, dass sich dies auf die frisch Vermählten übertrug.

Hätte das Herzogtum Oldenburg den »Visbeker Bräutigam« nicht im Jahr 1874 für 200 Goldtaler gekauft, wäre er wahrscheinlich wie viele andere Großsteingräber irgendwann in den vergangenen 150 Jahren verschwunden. Denn ab 1800 setzte eine rege Bautätigkeit in Norddeutschland ein. Und da es dort keine Berge gab, die als Steinbrüche hätten dienen können, wurden zunächst einmal große eiszeitliche Findlinge in Kirchen und Befestigungsanlagen eingebaut oder als Mauerpfosten und Grabmale genutzt. Irgendwann waren aber keine passenden Steine mehr vorhanden, woraufhin die Steinmetze die Megalithgräber auseinandernahmen. Erst im März 1881 wurde dieser Raubbau unter Strafe gestellt. Doch diese und andere Schutzmaßnahmen kamen zu spät. So stellte der Kreis Uelzen in der Lüneburger Heide bei einer Zählung 1946 fest, dass nur noch acht Prozent der Großsteingräber vorhanden waren, die 1846 in eine erste archäologische Karte eingetragen worden waren.

KAPITEL 3

Wie sicher sind die größten Tresore der Welt?

Der lange Wettkampf zwischen Grabherren und Grabräubern in Ägypten

In Ägypten stehen sämtliche Bewohner des Dorfes Qurna in dem üblen Ruf, seit Generationen ein finsteres Gewerbe auszuüben: Grabraub. Im Dunkeln schleichen sie an, brechen Grabkammern auf und verwüsten deren Inhalt auf der gierigen Suche nach Beute.

Bei meiner letzten Ägyptenreise wollte ich mich in diesem Dorf unauffällig umschauen. Deshalb habe ich mit meiner Lebensgefährtin einen Fahrradausflug von Luxor zum Tal der Könige unternommen – dabei fährt man unweigerlich durch Qurna, wo wir einen Zwischenstopp einlegten. Die Häuser verteilen sich wie gewürfelt in der Landschaft. Sie sollten schon öfter abgerissen und die Bewohner umgesiedelt werden – doch bis heute konnten sie sich erfolgreich dagegen wehren. Denn Qurna liegt direkt über einem antiken Gräberfeld und am Rande jener großen bedeutenden Totenstadt, die zum ehemaligen Theben, der Hauptstadt des Ägyptischen Reiches, gehörte.

Gegründet wurde Qurna irgendwann in den vergangenen Jahrhunderten von bäuerlichen Fellachen, den direkten

Sieht so ein Grabräuber aus? Teehaus-Besucher in Qurna, dem Dorf der Grabräuber.

Nachfahren der alten Ägypter. Viele der Häuser sind über Grabkammern errichtet worden, die heute als Keller, früher teilweise auch als kühler Wohn- und Lagerraum gedient haben. Die Wege zu den Schätzen der Vergangenheit waren und sind für die Bewohner also buchstäblich kurz.

Ausgerechnet in Qurna bekam nun mein Hinterrad einen Platten. Wie in arabischen Ländern üblich, sagte niemand: »Nein, habe ich nicht. Nein, weiß ich nicht!« Man versprach uns zu helfen und eine Luftpumpe zu besorgen. So sind wir etwas im Dorf der Grabräuber herumgekommen, denn es stellte sich heraus, dass unser Helfer einen kannte, der einen kannte, der eine Luftpumpe hatte und sogar etwas von Fahrrädern verstand. Nachdem das Ventil endlich repariert war, ließen wir uns in einer Teestube nieder.

Um uns herum saßen alte Männer, die in aller Ruhe ihre Wasserpfeife rauchten. Die Menschen in Qurna waren nicht gerade besonders freundlich, aber auch nicht feindselig.

Da wir im Dorf keine Spuren von Reichtum entdecken konnten, fragte ich mich: Woran erkennt man Grabräuber? Und wem gehört eigentlich das unbewachte und in Vergessenheit geratene Eigentum eines Menschen, der vor langer Zeit gestorben ist und begraben wurde? Wem gehören die vergoldeten Särge, die mehrmals ineinander verschachtelten Schreine, die Statuen, Gefäße und Truhen voller Gold und Silber? Der Grabraub hat nirgends eine längere Tradition als in Ägypten. Und das wiederum hat mit der besonderen Tradition des ägyptischen Herrscher- und Totenkults zu tun.

Ägyptischer Totenkult

Zu Lebzeiten eines ägyptischen Königs (von Pharaonen spricht man erst seit etwa 2000 v. Chr.) war es so: Ihm gehörte praktisch alles – das Land, die Menschen, der Reichtum. In seiner Hand lagen politische und religiöse Macht – er war sozusagen Präsident und Papst in einer Person. Nur eine einzige Pflicht hatte er zu erfüllen: Er musste zwischen den Menschen und den Göttern vermitteln. Damit weiter Ordnung bestand und das Land nicht in Chaos verfiel, damit der Nil weiter täglich das lebensspendende Wasser brachte und einmal im Jahr mit dem Hochwasser den fruchtbaren Schlamm über die Felder schwemmte.

Noch vorteilhafter sah für ihn sein Ableben aus: Der König war im Alten Reich (etwa 2670 bis 2180 v. Chr.) der Einzige, der nach seinem Tod in die Götterwelt auffahren konnte. Das Leben auf der Erde war nur eine Art Vorbereitungszeit für die große Reise ins ewige Licht – wenn der Pharao alles richtig machte. Seine Unsterblichkeit war gesichert, solange seine Grabkammer mit der einbalsamierten Mumie unversehrt blieb. So sind aus Sicht der ägyptischen Könige und Pharaonen alle, die ihre Pyramiden und Königsgräber betreten, Grabschänder und -räuber. Sie stören die ewige Ruhe des Herrschers.

Bevor die Ägypter mit dem Bau der großen Pyramiden begannen, hatten sie ihre Verstorbenen in einfachen Gruben beigesetzt, wo diese dem heißen Wüstensand ausgesetzt waren. Dadurch trockneten sie so schnell aus, dass Bakterien keine Chance hatten, den Körper zu zersetzen – auf natürliche Weise mumifizierten sie. So hat sich die Vorstellung entwickelt, der Körper müsse unversehrt bleiben für das Leben im Jenseits. Der Geist musste den Körper wiedererkennen können, sonst war er in der Unterwelt verloren. Als später aufwendigere Grabanlagen und Särge entstanden, wurden künstliche Maßnahmen zur Mumifizierung notwendig. Denn die Leichen trockneten nicht mehr schnell genug aus und verwesten.

Das alte Ägypten

Um einen Überblick zu bekommen, lässt sich die Geschichte des alten Ägyptens in drei Phasen unterteilen:

1. Im *Alten Reich* (etwa 2670 bis 2180 v. Chr., 3. bis 6. Königsdynastie) wurden Oberägypten (der südliche Teil des Niltals) und Unterägypten (das Nildelta) das erste Mal vereint. Die Könige ließen Pyramiden errichten. Dann versank das Land für einige Zeit im Chaos (etwa 2200 bis 1550 v. Chr., 1. und 2. Zwischenzeit).

2. Das *Neue Reich* (etwa 1550 bis 1075 v. Chr., 18. bis 20. Königsdynastie) brachte eine unvergleichliche Blütezeit Ägyptens: Unter Thutmosis III. (1482 bis 1450 v. Chr.) wurden Palästina, Syrien und Nubien dem Reich einverleibt. In der folgenden Zeit setzte der Fernhandel ein, neue Technologien (Bronze, Streitwagen) und neue Frucht- und Gemüsesorten wurden importiert. Pharaonen wie Ramses II. ließen große Tempel erbauen. Dann versank das Land erneut im Chaos.

3. In der *Spätzeit* (775 v. Chr. bis 639 n. Chr.) beherrschten nacheinander fremde Machthaber das Reich: Libyer, Assyrer, die griechischen Ptolemäer (die legendäre Königin Kleopatra war eine davon) und schließlich die Römer.

Zu einer Weiterentwicklung der Grabanlagen war es gekommen, als sich mit dem Adel und der hohen Beamtenschaft eine neue Führungsschicht herausgebildet hatte. Diese wollte sich nicht wie einfache Leute in nackten Gruben bestatten lassen und ließ deshalb ihr Grab knapp unter der Erdoberfläche von einer Ziegelbank, »Mastaba« genannt, bedecken. Das Grab des Königs wiederum sollte sich von denen des Adels unterscheiden. So ließ sich der letzte Herrscher der 1. Dynastie, König Qaa, in einer zweistufigen

Mastaba bestatten. Der erste Schritt zum Pyramidenbau war getan.

Gewaltige Tresore aus Stein

Wie sich aus diesen Grabbänken die Pyramiden entwickelten, lässt sich im 15 Kilometer südlich von Kairo gelegenen Pyramidenfeld Sakkara beobachten. Auch die Pyramide für König Djoser aus der 3. Dynastie war ursprünglich um 2600 v. Chr. als zweistufige Mastaba geplant. Doch dann wurde über der Mastaba eine symbolische »Treppe« aus Stein errichtet, die dem toten Pharao den Aufstieg zu Gottvater Re erleichtern sollte. Die anfänglichen drei Stufen wurden später auf sechs Stufen erweitert: die erste Stufenpyramide ganz aus Steinen gefertigt.

Die Pyramide hatte drei Aufgaben: Erstens bildete sie das sichere Depot für die Mumie des Königs und seine kostbaren Beigaben – ein gewaltiger Steintresor für die eigene Unsterblichkeit. Zweitens war sie eine Art Kraftwerk für geistige Energie, denn sie stellte die Nahtstelle zwischen der Welt der Götter und derjenigen der Menschen dar; sie wandelte Zeit in Ewigkeit um – sie garantierte den Sieg der Ordnung über das Chaos. Drittens waren Pyramiden wie die von Djoser nicht einfach ein Grabmal, sondern sie wurden angelegt wie ein christliches Klosterstift – als Zentrum einer ganzen Welt. Die hier lebenden Priester verfügten über große Ländereien und zelebrierten täglich Rituale. So blieb der König mit der Nachwelt im Dialog.

Hat sich der immense Aufwand gelohnt? In den meisten Fällen nicht. Die meisten der rund 60 Pyramiden, von denen wir heute wissen, waren im harten Wüstenklima schon nach einigen Jahrhunderten zu unscheinbaren Schüttkegeln aus Stein und Sand verfallen.

Am besten scheinen ihre Aufgaben die größten von allen erledigt zu haben, die drei Pyramiden von Gizeh (der Könige Cheops, Chephren und Mykerinos). Trotz der Hunderte von Touristen und der vielen einheimischen Verkäufer, Kameltreiber und selbst ernannten Führer, die die Pyramiden umlagern, findet man als Besucher auch heute noch für Momente eine Stelle, an der man plötzlich allein mit einem dieser drei gewaltigen Bauwerke ist und etwas von der geheimnisumwitterten Aura spürt. Vielleicht ist es die von den Ägyptern »Ka« genannte Energie, die Zeit in Ewigkeit verwandeln soll.

Um dieses Ziel zu erreichen, schien absolute Präzision erforderlich. Die Pyramiden und ihre Zugänge sind genau ausgerichtet auf der Nord-Süd-Achse. Sie weisen auf den Polarstern, der – das wussten die astronomisch geschulten Ägypter – unveränderlich am Himmel steht. Wissenschaftler, die mit modernster Technik die Pyramiden vermessen, sind erstaunt über die nur geringen Abweichungen, die den Baumeistern mit ihren primitiven Mitteln unterliefen.

Die quadratische Grundfläche der Chephren-Pyramide hat eine Seitenlänge von 214,5 Metern, und mit 143,5 Metern Höhe überragt sie sogar den Petersdom in Rom um einige Meter. Die Cheops-Pyramide war ursprünglich sogar 146 Meter hoch und 230,3 Meter breit, als sie noch von weißem, in der Sonne leuchtendem Kalkstein ummantelt war, außerdem fehlt ihr heute ihre Spitze. Sie besteht aus ungefähr 2,6 Millionen Quadersteinen aus Kalkstein, die im Schnitt einen Kubikmeter groß und 2,5 Tonnen schwer sind. Heute wären rund 7000 Eisenbahnzüge mit je 1000 Tonnen Ladekapazität notwendig, um diese Gesteinsmassen zu transportieren. Damals waren rund 25 000 Menschen rund 30 Jahre damit beschäftigt, die Steine aus einem zehn Kilo-

Einer der größten, aber nicht der sichersten Tresore der Welt –
die Cheops-Pyramide von Gizeh.

meter entfernten Steinbruch heranzuschleppen und in 201 Stufen aufzuschichten. Länger als jedes andere Bauwerk der Menschheit haben diese Pyramiden dem Verfall getrotzt, und sie werden auch – so urteilen Bauingenieure – die Hochhäuser, Brücken und Denkmale unserer Zeit überdauern.

Tresore für die Ewigkeit – jedoch leere. Wie dick die Tresore auch gebaut wurden, wie gut die Eingänge vermauert waren und wie labyrinthisch es im Inneren aussah: Früher oder später wurden sie alle ausgeraubt! Aus Sicht des ägyptischen Totenkultes waren die Pyramiden ein Misserfolg: Für ein ewiges Leben reichte es eben nicht, wenn die eigene Mumie 500 oder 5000 Jahre unentdeckt blieb. Außerdem war der Preis für diese gigantischen Projekte enorm hoch: Zehntausende Arbeiter wurden zwangsverpflichtet, wenn die Arbeit auf den Feldern ruhte, doch sie mussten versorgt werden, und die Zahl der Opfer war immens. Der Nachfolger von Chephren, Mykerinos, ließ seine Pyramide schon kleiner bauen, nur ein Drittel so hoch wie ihre Vorgänger und mit nur einem Zehntel des Volumens – Mykerinos wird in den Annalen als gutmütiger Herrscher geschildert.

Ungefähr 150 Jahre dauerte die Hochzeit des ägyptischen Pyramidenbaus an. Schon bald aber errichtete man nur noch kleinere Pyramiden, die letzten vermutlich gegen Ende des Alten Reiches, rund 1700 Jahre v. Chr.

Protzige Verstecke für die Ewigkeit

Als sich das Ägyptische Reich nach einer Verschnaufpause zum Neuen Reich aufschwang, wurde die Hauptstadt von Memphis (heute Kairo) weiter nach Süden, an den mittleren Lauf des Nils, verlegt. Hier erstreckte sich in der Hochzeit des alten Ägyptens die neue Hauptstadt Theben (heute Luxor).

Besiedelt war nur die Seite östlich des Nils. Denn für die Ägypter galt eine klare Trennung: Die Seite, auf der die Sonne aufging, gehörte den Lebenden. Hier stand die Hauptstadt, deren große Tempelanlagen auch heute noch besichtigt werden können – Luxor und Karnak. Das ganze Areal westlich des Nils, dort, wo die Sonne untergeht, gehörte zum Reich der Toten. Hier entstand eine Totenstadt, eine sogenannte Nekropole, die sich im Laufe von über 1000 Jahren auf bis zu zehn Quadratkilometer erstreckte. Sie umfasst neben dem berühmtesten Gebiet, dem Tal der Könige, auch das Tal der Königinnen, Gräberfelder für die Angehörigen der königlichen Familien und für die Oberschicht der ägyptischen Gesellschaft sowie zwei Dutzend größerer Totentempel.

Viele Herrscher der 18. bis 20. Dynastie (1550 bis 1075 v. Chr.), aber zunehmend auch deren Verwandte, ließen sich in der neuen Nekropole westlich von Theben bestatten. Mit der Errichtung der Totenstadt hatten die ägyptischen Könige auch ihre Strategie geändert: Sie ließen ihre Grabanlagen – lange Gänge, die zu Grabkammern führen – jetzt direkt in den Fels schlagen. Im Gegensatz zu den Pyramiden sind diese Grabkammern weder geografisch noch astronomisch ausgerichtet; ihre Erbauer unterstellten einfach, dass die Hauptachse von Ost nach West verlief. Demnach führte der Gang von der aufgehenden Sonne zur untergehenden, vom Diesseits ins Jenseits.

Typisch für die 62 bisher entdeckten Gräber im Tal der Könige ist die Grabanlage von Ramses IX. aus dem 12. Jahrhundert v. Chr. Der niedrige Gang führt leicht abschüssig in den Fels und ist links und rechts gleichermaßen

Den Zugang zum Tal der Könige und zum Tal der Königinnen
bewachen Tempel wie der von der Pharaonin Hatschepsut.

mit bunten Hieroglyphen überladen. Er endet zwischen
zwei schwarzen Windhunden, der Gestalt des Gottes Anubis. Der »Einbalsamierer« bewacht den Zugang zum Totenreich; er steht dem Pharao bei seinem Übertritt ins ewige
Leben bei und soll Fremde vor dem Eindringen abschrecken. Der Gang leitet hinüber ins Totenreich, dessen Mittelpunkt die eigentliche Grabkammer mit Sarkophag und
Mumie bildet.

Dort – aus dem Reich der Toten – stieg die Seele des
Pharaos empor, um selbst göttlich zu werden. Doch dazu
musste sie bestimmte Rituale durchlaufen. Die rundum an
die Wände geschriebenen Hieroglyphentexte sind verschiedene Varianten des sogenannten Totenbuchs. Es enthält
Anweisungen für die Toten während ihrer Reise durch die
Unterwelt. Zu sprechen waren Losungen wie: »Ich bin ge-
holt worden, um deine Vollkommenheit zu schauen … Ich

kenne dich und deinen Namen …« Außerdem ist ausführlich beschrieben, wie sich die Verstorbenen vor dem Gottesgericht verhalten sollten. Auch die bildlichen Darstellungen, als Reliefs in den Stein gehauen oder nur aufgemalt, sind dem Totenreich gewidmet – so zeigt das Grab von Tuthmosis III. die Fahrt der Sonne durch die Unterwelt.

Die Eingänge zu den Königsgräbern wurden sofort nach der Bestattung zugemauert, versiegelt und danach regelmäßig kontrolliert. Auch der Eingang zum Tal, das an drei Seiten von steilen Bergen umgrenzt wird, lässt sich leicht überwachen. Neben den Priestern hatten nur die Nekropolenarbeiter Zugang. Sie waren die Experten für die Anlage und Einrichtung von Grabkammern und wohnten abgesondert von der restlichen Bevölkerung als Einzige auf der westlichen Nilseite in einem eigenen Dorf namens Der el-Medine. Es wurde inzwischen von Archäologen freigelegt.

Ruhestörungen und der vergebliche Fluch der Pharaonen
Doch auch die Gräber im Tal der Könige boten keine ewige Ruhe, tatsächlich betrug die ungestörte Ruhezeit der verstorbenen Pharaonen keine Jahrtausende, oft nicht einmal Jahrhunderte: Ramses II. blieb 59 Jahre ungestört, Ramses VI. nur 19 Jahre, das Grab Tutanchamuns wurde bereits in den ersten 30 Jahren das erste Mal flüchtig ausgeraubt.

Woher wir das so genau wissen? Aus Prozessakten und Geständnissen! Zahlreiche Papyrusschriften berichten über die ersten uns bekannten Grabräuber-Prozesse der Weltgeschichte. Und das kam so: Gegen Ende des 12. Jahrhunderts v. Chr. geriet das stolze Neue Reich langsam, aber sicher in Not. Feinde von außen bedrängten es (auf Inschriften wird von einem Angriff der »Seevölker« berichtet), hinzu kamen wirtschaftliche Probleme. Das merkten auch die Nekropolen-Arbeiter in Theben-West. Sie bekamen kaum noch Aufträge für den Bau neuer Gräber, und wenn, dann wurden sie nur spärlich und viel zu spät oder auch gar nicht dafür bezahlt. Sie streikten – doch vom Streiken wird man nicht satt. So war es kein Zufall, dass zu dieser Zeit auf dem Schwarzmarkt von Theben immer mehr kostbare Grabbeigaben auftauchten. Manch ein Beamter oder Adliger, der sich dafür interessierte, bekam einen Schreck: Waren das nicht genau die Gegenstände, die er seinem Vorfahren mit auf den Weg gegeben hatte?

Eine offizielle Untersuchung bestätigte den Verdacht. Viele der Privatgräber von Beamten, Priestern und Adligen in Theben waren nicht nur ausgeraubt, sondern auch zerstört worden: »Sie hatten ihre Herren aus ihren Hüllen und Särgen gerissen und auf die Erde geworfen«, heißt es in den Protokollen.

Konnten das Fremde getan haben? Nein, die Täter mussten das nötige Know-how besitzen, um die Grabkammern zu finden und zu öffnen, und sie mussten die Gelegenheit haben, sie unbemerkt zu plündern. Nur die Arbeiter und die Aufseher der Nekropolen kamen dafür infrage. Die ersten Verdächtigen, die verhaftet und gefoltert wurden, gestanden schnell – wie der Steinmetz Amunpanofer: »Viele Bewohner des Landes raubten wie wir und sind ebenso schuldig.«

Eine ganze Grabraub-Mafia kam zum Vorschein: Sie reichte von den Arbeitern und Aufsehern der Nekropole über Zwischenhändler und Verkäufer des Diebesguts bis zu den Hohepriestern, die man bestochen hatte. Nicht einmal vor den Königsgräbern hatten die Diebe haltgemacht – so war das Grab von Isis, der Frau von Ramses III., geplündert worden.

Trotz dieser großen Schauprozesse nahm die Grabräuberei kein Ende. Jedes Mal, wenn die Hohepriester die königlichen Gräber kontrollierten, entdeckten sie neue Verwüstungen. Um wenigstens die Mumien zu retten, wurden schließlich die meisten Pharaonen um 1100 v. Chr. von den Hohepriestern in Sammelgräber umgebettet. Ein solches Sammelgrab wurde Mitte des 19. Jahrhunderts von Grabräubern aus Qurna wiederentdeckt.

Heute wissen wir allerdings auch, dass selbst die damaligen Priester manchmal etwas übereifrig zu Werke gingen,

Vom Recycling zur modernen Raubgräberei
Während der längsten Zeit der Menschheitsgeschichte galt: Was die Menschen fanden, behielten sie und nutzten es für ihre Zwecke. Die Bauern und Fischer beispielsweise, die in der Umgebung von Troia leben, wohnen bis heute in kargen Häusern, die jedoch hier und da etwas »Luxus« aufweisen: Ein geriffelter Säulenstumpf – sicherlich Marmor – wird als Amboss benutzt, und einen Hof weiter hat man ein Stück von einem Altar zu einer Viehtränke umfunktioniert.

Eine besondere Form der Raubgräberei, der Grabraub, war eine schändliche Tat, ein Frevel – solange alle Menschen daran glaubten, dass die mächtigen Geister der Verstorbenen sich dafür rächen würden. Doch sobald die Räuber und die Beraubten unterschiedlichen Religionen und Kulturen anhingen, war es nicht mehr so schlimm, die Gräber der Andersgläubigen und Fremden zu plündern. So ließ der Gotenkönig Theoderich, der das Römische Reich im 6. Jahrhundert n. Chr. endgültig zerschlug, sogar gesetzlich regeln: Schätze von Gold und Silber, die in römischen Gräbern gefunden würden, hätten keinen

Herrn (dominus) und seien deshalb »die Sachen von Niemandem« (res nullius).

Heute gilt überall auf der Welt genau das Gegenteil: Alle historischen Güter auf und unter der Erde sowie im Wasser (das gilt bis drei Seemeilen vor der Küste) sind automatisch Eigentum der jeweiligen Staaten, die über dieses Gebiet herrschen. Allerdings gibt es bis heute keine einheitlichen internationalen Abkommen gegen Raubgräberei (auch Deutschland hat bisher eine Resolution der Vereinten Nationen nicht unterschrieben). Und so können Raubgräber, die heute mit modernster Technik ausgestattet sind, ihre Beute in anderen Ländern problemlos zu Geld machen.

beispielsweise der Hohepriester Pinodjem I., der sich in den frei gewordenen Särgen Thutmosis I. bestatten ließ. Und auch die Pharaonen zeigten wenig Respekt vor den Ruhestätten ihrer Vorgänger: So wurden in den Vorratskammern von Djosers Stufenpyramide (aus der 3. Dynastie) Steingefäße mit Pharaonamen der 2. Dynastie gefunden. Teile der Cheops-Pyramide (4. Dynastie) wurden vom Pharao Amenemhet I. (12. Dynastie) für seine Pyramide in Lischt benutzt.

Ein Pharao, der sich im Tal der Könige bestatten ließ, hatte wohl böse Vorahnungen gehabt und deshalb seine Nachfolger mit einer Grabinschrift gewarnt: »Wehe Du tilgst meinen Namen von den Wänden und setzt Deinen an seine Stelle!« Andere Inschriften verfluchen mögliche Räuber – hier hat der berühmt-berüchtigte »Fluch der Pharaonen« seinen Anfang genommen.

Grabraub: Frevel oder Notwendigkeit?

Wie realistisch war die Vorstellung der ägyptischen Herrscher von der ewigen Totenruhe? Hatten ihre Bauwerke überhaupt eine Chance, unversehrt zu bleiben? Kaum. Denn was die alten Ägypter nicht selbst entwendeten, fiel früher oder später Räubern in die Hände. Was die nicht zerstörten, besorgte die Natur: Die meisten Städte und Tempel des antiken Ägypten wurden unter Wüstensand und dem Nilschlamm begraben. Und was die Natur verschonte, das erledigten die späteren Eroberer des Landes.

Eine wichtige Voraussetzung für den Erhalt historischer Monumente lautet also: Man muss sich ihren Erhalt leisten können. Was die Pharaonen mit in ihr Grab nahmen, war im Grunde all der Reichtum, der während ihrer Regierungszeit von der Bevölkerung produziert, durch Handel oder Raubzüge erworben worden war. War es da nicht gerade in Zeiten der Not das Recht oder gar die Pflicht seiner Nachfolger, diesen Reichtum für die Gesellschaft zu retten? Ägypten hat keine eigenen Metallvorkommen – wären all die Grabbeigaben aus Gold, Silber und Bronze unter der Erde verblieben, wären den Ägyptern vermutlich die Metalle ausgegangen. Grabraub war so gesehen auch eine frühe Form von Recycling.

Die zweite wichtige Voraussetzung für die Bewahrung der Zeugnisse vergangener Kulturen heißt: Respekt gegenüber den Zeugnissen der Vergangenheit. Die Grabräuber zeigten diesen Respekt nicht, aber auch die späteren Herrscher über Ägypten ließen ihn vermissen. Denn als die Römer Ägypten im Jahr 30 v. Chr. zu ihrer Provinz machten, räumten sie im großen Stil ab. Ganz verrückt waren sie nach Obelisken, obwohl diese Kolosse sehr schwer zu transportieren waren. Heute stehen noch 13 ägyptische

Obelisken in Rom. Noch schlimmer wurde es 700 Jahre später, als die Araber das Land eroberten und gewaltsam die gerade neu gegründete Religion des Islam verbreiteten. Sie schlugen die glänzenden Kalkplatten von den Pyramiden und verwendeten sie zum Bau von Moscheen und herrschaftlichen Häusern in Kairo. Ihr Glaube befahl ihnen auch, die Bilder anderer Gottheiten zu zerstören. So zerschlugen sie das Gesicht der Sphinx und alle anderen Götterbilder, die sie mit dem Hammer erreichen konnten.

Und schließlich der Antikenraub jüngerer Zeit, wie er beispielsweise in Qurna betrieben wurde. Im 19. Jahrhundert tauchten hier immer mehr westliche Bildungsreisende auf, die bereit waren, viel Geld für Statuen, Mumien und Sarkophage zu zahlen. So wurden die Bewohner von Qurna zu richtigen Grabräubern, die systematisch die unterirdischen Labyrinthe untersuchten und ausräumten.

Und das Prinzip funktioniert auch heute noch: Solange Kunstsammler in Europa und den USA große Summen für antike Kunstwerke zahlen, solange finden diese einen Weg aus den Grabkammern auf die internationalen Kunstmärkte.

Sind auch die Bewohner von Qurna noch im Geschäft? Ich habe es nicht herausgefunden. Als wir unseren Tee in der Teestube von Qurna ausgetrunken hatten und zahlen wollten, trat ein älterer Mann auf uns zu. Aus einem Tuch wickelte er eine kleine Statue: »Echt antik – nur 50 Dollar!« Ich winkte ab und fragte mich: War das nun ein echter Grabräuber oder jemand, der Touristen übers Ohr haut? Die Bewohner von Qurna sind nämlich mittlerweile auch Experten in der Herstellung von »echt antik« aussehenden Kopien.

TEIL II

Die goldenen Zeiten der Archäologie und ihre größten Legenden

KAPITEL 4

Wer verdient die Auszeichnung »Erster Archäologe«?

Kandidaten aus Babylonien, Griechenland, dem Römischen Reich, Italien, dem Vatikan und Deutschland

Lange bevor antike Stätten wie das Kolosseum in Rom oder die Athener Akropolis wissenschaftlich untersucht wurden, hatten sich die Menschen für diese bedeutenden historischen Orte interessiert. Könige und Schriftsteller, Antiquitätenhändler und die ersten Kulturtouristen hatten in den vergangenen Jahrhunderten die Ruinen aufgesucht. Waren auch schon »Detektive der Vergangenheit« darunter? Verdient einer von ihnen vielleicht sogar die Auszeichnung »Erster Archäologe«?

Erster Kandidat: der babylonische König Nebukadnezar II.

Die ersten Ausgrabungen, von denen wir wissen, fanden nicht in Griechenland, sondern in Babylonien, im heutigen Irak, statt. Nebukadnezar II. (604 bis 562 v. Chr.) ist der Nachwelt vor allem dafür bekannt, dass er Jerusalem zerstören und die Juden nach Babylon deportieren ließ. Er veranlasste aber auch, dass verschüttete Tempel, Paläste und Grabanlagen im legendären Ur – einer der ersten Städte im Zweistromland, deren Anfänge bis etwa 3600 v. Chr. zurückreichen – freigelegt und restauriert wurden. Damit wollte er jedoch nichts Neues über die Vergangenheit in Erfahrung bringen. Seine Absicht war es, mit dieser Sanierungsmaßnahme allen Menschen innerhalb und außerhalb seines Reiches zu zeigen: Seht her, ich bin der rechtmäßige Erbe eines Reiches, das schon seit Jahrtausenden besteht.

Kandidaten auf dem zweiten Startplatz:
die griechischen Historiker Herodot und Thukydides
In zwei Kriegen (490 und 480/79 v. Chr.) besiegten die griechischen Stadtstaaten das mächtige Perserreich – rund 50 Jahre danach versuchte der Grieche Herodot, den genauen Verlauf der Auseinandersetzungen aufzuschreiben. Da es damals keine Archive und Bibliotheken gab, bereiste er die von den Persern eroberten Länder (auch Ägypten und Mesopotamien), sichtete Urkunden und Inschriften. Vor allem befragte er Menschen aus dem griechischen und dem persischen Lager und versuchte daraus die historischen Fakten zu ermitteln. Das war neu: Bis dahin hatten die Menschen einfach ihre Geschichten, Legenden und Mythen erzählt und sich keine Gedanken darüber gemacht, wie viel davon Wahrheit und wie viel pure Phantasie war. So wurde Herodot zum »Vater der Geschichtsschreibung«, aber nicht zum Archäologen. Denn er verglich zwar die verschiedenen Berichte über den Krieg, doch er suchte nicht in den Trümmern der Schlachtfelder nach Beweisen.

Genau dies tat jedoch der Feldherr und Historiker Thukydides, als er Ende des 5. Jahrhunderts v. Chr. begann, eine Geschichte des damals noch andauernden Bürgerkrieges zu schreiben. Am Anfang seines Werkes, der Geschichte des Peloponnesischen Krieges, holt Thukydides weit aus. Er behauptet, dass erst mit dem Troianischen Krieg die Griechen gemeinsam als »Griechen« gehandelt hätten. Davor sei die Ägäis von unterschiedlichsten Seeräuber-Banden bevölkert gewesen, darunter Phönizier und Karer. (Das Volk der Karer lebte im Südwesten der Türkei, die Phönizier im Libanon.) Sein Beweis: Als die Insel Delos von den Verwüstungen durch die Kriege gereinigt wurde, enthielt die Hälfte der Gräber Rüstungen und Grabbeigaben karischer Herkunft.

Diese Beweisführung ist eindeutig archäologisch – Thukydides führt materielle Fakten für seine Argumente an (auch wenn wir heute wissen, dass diese Zuordnung falsch war). Trotzdem war Thukydides kein Archäologe – warum nicht? Er hat die Funde nicht genau dokumentiert, nicht gesammelt und zeitlich zugeordnet. Vor allem jedoch: Die Funde blieben zufällig, Thukydides und seine Kollegen setzten das Ausgraben nicht als Instrument der Wahrheitsfindung ein. Sie waren noch keine »Detektive der Vergangenheit«.

Dritter Kandidat: der Römer Pausanias

Wie Athen, Olympia und die anderen Stätten in Griechenland im 2. Jahrhundert n. Chr. aussahen, wissen wir heute vor allem dank einer Person, die länger und genauer hinschaute als alle anderen: der Römer Pausanias. Sein Werk *Beschreibungen Griechenlands* ist der einzige antike Reiseführer, der vollständig überliefert wurde.

Dagegen wissen wir über seine Person relativ wenig und auch das nur aus zweiter Hand. Pausanias wurde als Adliger in Kleinasien geboren und lebte ungefähr von 110

Römische Touristen in Athen

Die anhaltenden Bürgerkriege hatten die Griechen so geschwächt, dass sie 338 v. Chr. von ihren nördlichen Nachbarn, den Mazedoniern (Philipp II. und seinem Sohn Alexander dem Großen), unterworfen wurden. Im Jahr 146 v. Chr. schließlich wurde das ehemals stolze Hellas römische Provinz. Athen, die bedeutendste aller griechischen Städte, war zu dieser Zeit nur noch eine Art Freilichtmuseum, das an eine glorreiche Vergangenheit erinnerte. Der römische Dichter Ovid nahm sich sogar die Frechheit heraus, Athen eine »leere Stadt« zu nennen, »von der nur noch der Name übrig ist«. Marktplätze waren Viehweiden, aus den Kornfeldern ragten die Häupter der Marmorstatuen. Die Haupteinnahmequelle der Athener wurde der Tourismus: Sie bewirteten die reichen Römer, drehten ihnen allerlei Kitsch an, und für eine größere Summe ernannte man sie sogar zu Ehrenbürgern der Stadt.

Zu dieser Zeit befand sich das Römische Reich auf dem Höhepunkt seiner Macht: Im 1. und 2. Jahrhundert n. Chr. hatte Rom sämtliche Länder unterworfen, die ans Mittelmeer grenzten, dazu noch Frankreich und Teile von Deutschland und den Britischen Inseln. Die Römer nannten ihre Herrschaft »Pax Romana« (»Römischer Frieden«). Der Tourismus konnte entstehen: Der starke Staat garantierte Sicherheit in den Provinzen, ein gut ausgebautes Verkehrsnetz sorgte für bequemes Reisen, viele Römer verfügten über eine gut gefüllte Reisekasse. Außerdem lag direkt vor der Haustür ein unterworfenes Land mit großer kultureller Vergangenheit: Griechenland.

bis 180 n. Chr. In seinem Reisebericht lädt er die Leser zu einer Rundreise durch die interessantesten Kulturstätten Griechenlands ein – mit Erfolg. Viele römische Touristen hatten Pergamentrollen mit seinen Reisebeschreibungen im Gepäck.

Pausanias war bereits in seiner Jugend durch die ganze Mittelmeerwelt des damaligen Römischen Reiches gereist: Kleinasien, Italien, Ägypten – doch seine besondere Liebe galt Griechenland, der Heimat der homerischen Helden und der klassischen Antike. 30 Jahre lang besuchte er immer wieder die klassischen Orte, die er noch in ihrer späten Blüte erlebte und ausführlich beschrieb.

So können wir uns anhand seiner Schilderungen vorstellen, wie ein Besucher beispielsweise Olympia in der Spätantike sah: Den Kern des antiken Olympias im Nordwesten der Peloponnes am Fuße des Kronos-Hügels bildete

Vom einstigen Zeustempel in Olympia, einem der sieben Weltwunder, konnten die Archäologen das gewaltige Fundament und bergeweise Säulentrommeln freilegen.

der heilige Bezirk »Altis«. Eigentlich war es ein friedlicher, von Platanen und Olivenbäumen gesäumter Ort. Eigentlich! Doch alle vier Jahre strömten Athleten und Wettkampf-Fans aus der ganzen griechischen, später sogar aus der ganzen römischen Welt zusammen, um hier ihre Kräfte zu messen. Im heiligen Zentrum der Stätte befand sich das Grab des Pelops, des mythischen Olympia-Gründers und Namensgebers der Halbinsel – ein schlichter Erdhügel, der seit dem 5. Jahrhundert v. Chr. von einer Mauer und einem Säulentor umfriedet wurde.

Die ganze Altis war mit Stelen und rund 500 Statuen von Siegern angefüllt, die als Helden verehrt werden. Von ihnen erwähnt Pausanias nur diejenigen, die eine rühmliche Geschichte haben (manche haben nämlich nur durch Los gewonnen). Das Stadion aus hellenistischer Zeit liegt etwas abseits und ist mit 200 Metern gerade lang genug für die Hauptdisziplin: Wettlauf über ein Stadion – exakt 192,28 Meter.

Mittelpunkt der Anlage blieb jedoch weiterhin der 457 v. Chr. fertiggestellte Zeustempel. Im Inneren wartete auf Pausanias eines der sieben Weltwunder: die zwölf Meter hohe Zeus-Statue, bei deren Anblick manche in Ohnmacht fielen. Pausanias aber blieb cool und lieferte eine ganz sachliche Beschreibung: »Der Gott sitzt auf einem Thron und ist aus Gold und Elfenbein gemacht; ein Kranz liegt auf seinem Haupt, der Ölbaumzweige nachahmt. In der Rechten trägt er eine Nike [Siegesgöttin aus der griechischen Mythologie], auch sie aus Elfenbein und Gold ... In der linken Hand hält der Gott ein Zepter, das mit lauter Metalleinlagen verziert ist; der Vogel aber, der auf dem Zepter sitzt, ist ein Adler. Aus Gold sind auch die Sandalen des Gottes und ebenso sein Gewand ... Der Thron ist in abwechslungs-

reicher Arbeit aus Gold und kostbaren Steinen und Eben-
holz und Elfenbein gemacht.«

Übrigens hat Pausanias auch die anderen sechs der sieben Weltwunder noch in ihrer Pracht gesehen – sie lagen
jedoch außerhalb des griechischen Festlandes, das er in seinem Reiseführer beschrieb. Doch für römische Touristen
waren die sieben Weltwunder, was für heutige USA-Touris-
ten New York und die Niagarafälle sind: die »Musts«, die
Orte, die man gesehen haben muss!

Die sieben Weltwunder
Nur zwei der sieben Weltwunder lagen im antiken
Griechenland und nur eines auf dem griechischen Festland:
die Zeus-Statue im Zeustempel von Olympia. Die zweite
Stätte, die man gesehen haben musste, war der Hafen
von Rhodos. Eine riesige Statue aus Bronze wies den
Schiffen die Einfahrt.
Zwei weitere Stätten lagen in Kleinasien, der heutigen
türkischen Westküste: der riesige Artemis-Tempel
von Ephesos und das Mausoleum von Halikarnassos, ein
gigantisches Grabmal, das diesem Typus von Grabstätte
seinen Namen gab (Mausoleum eben!). Nur eine Stätte lag
im Nahen Osten, in Mesopotamien, die mitten in der
Wüste gelegenen hängenden Gärten von Babylon – bis
heute rätselt man, wie die Bezeichnung »Hängender
Garten« gemeint war: Handelte es sich um terrassenförmige
Gärten oder wortwörtlich um wie Weinreben herab-
hängende Pflanzen? Zwei weitere Weltwunder lagen in
Ägypten: Der spätantike Leuchtturm von Alexandria und
die Pyramiden von Gizeh. Einige antike Autoren zählten
auch den Zeus-Altar von Pergamon zu den Weltwundern.

Für eine Nominierung Pausanias' zum ersten Archäologen spricht: seine gründliche Recherche (wer lässt sich schon 30 Jahre Zeit?) und seine sachliche Zurückhaltung. Doch gegen seine Nominierung spricht: Er war kein Forscher, sondern Reiseberichterstatter, der auch ungeprüft Legenden weitergab. So notierte er beispielsweise über den unbesiegbaren Faustkämpfer Theogenes: »Als er gestorben war, ging ein Mann, der ihn bei Lebzeiten gehasst hatte, jede Nacht zu seiner Statue und geißelte das Erz, als ob er damit Theogenes wehtue. Diesem Frevel machte die Statue ein Ende, indem sie auf ihn fiel; die Söhne des Mannes klagten die Statue wegen Mordes an.« Solche Geschichten waren schon in der Antike zu schön, um wahr zu sein. Pausanias war ein eifriger Geschichtensammler und unermüdlicher Berichterstatter, er hat aber nichts hinterfragt, geschweige denn, Theorien überprüft, indem er nachgegraben hätte.

Vierter Kandidat: der Anconer Antiquitätenjäger
Pizzicolli
Unser vierter Kandidat für die Auszeichnung »Erster Archäologe« ist der Kaufmann Cyriacus Pizzicolli aus der italienischen Hafenstadt Ancona. Von seinen Lebensdaten ist nur bekannt, dass er um 1453 gestorben ist. Er war der erste Kaufmann und Antiquitätenhändler, der sich vom Räuber zum Retter antiker Schätze wandelte.

Wie viele andere durchstreifte er zunächst auf einem weißen Pferd jeden Tag die Stadt Rom – auf der Suche nach verkäuflichen Antiquitäten. Doch im Laufe der Zeit wurde er von der Schönheit der antiken Monumente ergriffen. Er traute sich bald nicht mehr, die Gebäude zu beschädigen, um mit Gewalt an Dekor- und Frieselemente zu kommen. Und weil er die Skrupellosigkeit seiner Kollegen kannte, machte er sich immer mehr Sorgen um den Erhalt der antiken Bauwerke. Er begann, ihre Fassaden und Innenräume in Skizzen aufzuzeichnen, um die Bauwerke und ihre Grundrisse zu erfassen. Er untersuchte Tempel, Theater, Paläste, Thermen, herrliche Obelisken und bemerkenswerte Bögen, er fertigte Listen an und versuchte schließlich, alles seinen Zeitgenossen zu erklären.

Als Kaufmann beschränkte Pizzicolli sein Tun nicht auf Rom. Er unternahm ausgedehnte Reisen entlang der italienischen Küsten und weiter bis nach Griechenland, Palästina und Ägypten. Und auch darüber verfasste er Berichte, zeichnete die Monumente und schrieb unveröffentlichte Texte und Inschriften ab.

Pizzicolli käme als erster Archäologe infrage, doch was gegen seine Nominierung spricht: Er ging nicht systematisch vor, sondern nach Lust und Laune, untersuchte die Gebäude nicht von A bis Z, sondern hauptsächlich die, die ihm nennens- und erhaltenswert erschienen. Vor allem jedoch: Seine Notizen und Zeichnungen sind sehr ungenau. So stellt er in seiner Zeichnung des Parthenon auf der Athener Akropolis die Marmorsäulen viel zu lang dar – das Gebäude geht eher in die Höhe als in die Breite und vermittelt eine vollkommen falsche Dimension.

Schließlich gab Pizzicolli alle Sachlichkeit auf, die einen professionellen Archäologen auszeichnet – so beichtete er einem Priester: »Mein Beruf ist es, die Toten aus der Hölle auferstehen zu lassen. Ich habe diese Kunst von der Priesterin des Orakels von Delphi gelernt.« Cyriacus Pizzicolli war zweifelsohne etwas abgedreht, denn der Kult, in Delphi mithilfe von Orakeln die Zukunft weiszusagen, war schon vor über 1000 Jahren aufgegeben worden. Doch vielleicht hatte sich Pizzicolli zu lange über die Gasquellen gebeugt, die schon die griechischen Priesterinnen genutzt hatten, um in Trance zu geraten.

Kandidaten auf dem fünften Startplatz: die Päpste
Einerseits hatten die Päpste im Laufe der Jahrhunderte große Teile des antiken Roms zerstört, andererseits gehörten sie aber auch zu den ersten Sammlern und Bewahrern antiker Kunst in der Neuzeit. Und das kam so: 1506 ordnete Papst Julius II. den Bau des Petersdoms an. Die an der gleichen Stelle bereits seit 1000 Jahren stehende Petersbasilika musste dafür abgerissen werden, in ihr war kein Platz mehr für ein pompöses Grabmal, wie es dem Papst vorschwebte.

Die Bauherren des Petersdoms hatten freie Hand bei der Neugestaltung des Stadtkerns. Zahlreiche antike Gebäude mussten neuen Straßenschluchten weichen und dienten als Baumaterial für den Dom. Als Arbeiter auf der Jagd nach geeignetem Baumaterial einen Hügel nahe dem Kolosseum freiräumten, brachen sie in unterirdische Räume ein. Sie hielten diese Räume zunächst für Grotten, später aber wurde klar, dass es sich um den »Domus Aurea« handelte – den großen Palast, den Kaiser Nero Mitte des 1. Jahrhunderts nach dem Brand von Rom errichtet hatte und der später zu einer Thermenanlage umgebaut wurde.

Im Geröll wurden zahlreiche Skulpturen freigelegt – darunter 1506 das Supermeisterwerk der antiken Kunst schlechthin: die Laokoon-Gruppe. Aus feinstem Marmor haben Künstler um die Zeitenwende eine Skulptur geschaffen, deren Figuren zu leben scheinen: Ein muskulöser Mann und neben ihm zwei Jungen kämpfen mit zwei Schlangen. Dargestellt ist der aus der griechischen Mythologie bekannte Laokoon, ein troianischer Priester, der davor warnte, das

Warum die römischen Ruinen heute rot leuchten
Im Jahr 330 n. Chr. wurde die Hauptstadt des Römischen
Reiches nach Konstantinopel (heute Istanbul) verlegt,
Rom sank immer weiter in die Bedeutungslosigkeit ab.
Im 5. Jahrhundert n. Chr. plünderten Goten und Vandalen
das geschwächte Rom – danach zerfielen rund 1000 Jahre
lang die Überbleibsel der einstigen Hauptstadt.
Rom blieb durchgehend bewohnt und war auch während
des Mittelalters Ziel von Reisenden und christlichen
Pilgern. Doch mit Ausnahme des Vatikans glich die Stadt
einer Mischung aus Schrott- und Abenteuerspielplatz.
Zahlreiche Überschwemmungen des Stadtflusses Tiber
hatten dazu geführt, dass ein Großteil der antiken Stätten
von meterdicken Schlammschichten überdeckt wurde.
So bildete das Forum Romanum nur noch eine Weide,
aus der vereinzelte Ruinenfragmente herausragten.
Oberirdische Antiken wie das Kolosseum verfielen.
Die Menschen gingen praktisch vor: Was lässt sich weiter
verwenden, was lässt sich recyceln? Tempel, Theater
und Thermen wurden zu Marmorsteinbrüchen, das
Material wurde für den Bau von Kirchen verwendet. Oder
noch schlimmer: Aus Marmor wurde Kalk gebrannt,
den man als Baumaterial zum Binden und Abdecken
benötigte. Diese Plünderungen gaben den Ruinen ihre
heutige Farbe: Die Ruinen des antiken Roms zeigen
ihr Skelett aus rotem Ziegelstein. In der Kaiserzeit dagegen
waren die öffentlichen Gebäude von weißem Marmor
umkleidet – Roms Stadtkern leuchtete strahlend weiß in
der Sonne.

Trajansmärkte in Rom: Weil der ganze Marmor geraubt wurde, sieht man heute fast nur die nackten Ziegelstein-Skelette der antiken Gebäude.

hölzerne Pferd der Griechen in die Stadt Troia zu ziehen. Um ihn mundtot zu machen, schickt der Gott Apoll Schlangen, die den Priester und seine Söhne erwürgen.

Die Entdeckung der Laokoon-Gruppe war wie ein Startschuss: Nun wurde der Boden Roms systematisch von Schatzgräbern durchwühlt. Ende des 16. Jahrhunderts gab es allein in Rom bereits über 90 Privatsammlungen mit antiken Schätzen. Auch Papst Julius II., der den Bau des Petersdoms angeordnet hatte, legte sich eine Sammlung klassischer Skulpturen zu. Den Anfang machte gleich das absolute Highlight: die Laokoon-Gruppe. Sie wurde sofort ein Publikumsmagnet.

Fleißige Sammler waren die Päpste schon, aber keine »Detektive der Vergangenheit«. Denn für die Antike und für die Menschen, wie man damals gelebt, was man gedacht und gefühlt hatte, interessierten sie sich nicht.

Sechster Kandidat: Johann Joachim Winckelmann
aus Stendal

Unser sechster Kandidat wurde 1717 in Stendal geboren: Johann Joachim Winckelmann war sicherlich das, was man heute »hochbegabt« nennt. Er stammte aus einfachen Verhältnissen, war der Sohn eines Schuhmachers. Um trotzdem Latein lernen zu können, trat er in einen Kirchenchor ein (die meisten Kirchenlieder wurden damals noch in dieser »toten« Sprache gesungen). Mit den so erworbenen Sprachkenntnissen konnte er Geschichte, Medizin und evangelische Theologie studieren. Der übliche Weg für ihn wäre eine Anstellung als Pfarrer gewesen, doch eigentlich interessierte er sich mehr für Kunst. Er war Hauslehrer, bis er eine Stelle als Bibliothekar in Dresden bekam.

Der Dresdener Hof hatte Kontakte zum Vatikan, wo Winckelmann Fuß fassen wollte. Der Vatikan war damals die »erste Adresse« für antike Kunst. Er konvertierte deshalb zum katholischen Glauben und reiste 1755 mit Empfehlungen seines ehemaligen Arbeitgebers nach Rom. Hier arbeitete er zunächst als Bibliothekar, dann als Verwalter der Antikensammlung des Kardinals Albani und schließlich als Verwalter der Altertümer des Vatikans.

Gleichzeitig verfasste Winckelmann seine »Kunstgeschichte«, die er ganz am Ideal der griechischen Klassik ausrichtete. Für ihn drückten diese Kunstwerke den wahren Charakter der Griechen aus: die Liebe zur Schlichtheit, aber auch zum stilvollen Ausdruck, verbunden mit dem Streben nach Bescheidenheit und Tapferkeit. Dieses Idealbild ist in etwa so realistisch, als würde ein Außerirdischer die Fußball-WM oder Olympische Spiele besuchen und seiner Heimat funken: Die Menschen könnten unser Vorbild sein – sie gehen so fair miteinander um!

Dabei hatte Winckelmann durchaus auch die praktische Seite seiner Leidenschaft im Blick. Mitte des 18. Jahrhunderts bekamen Roms Antiquitätenjäger neue Suchareale: die 79 n. Chr. durch den Vulkanausbruch des Vesuv verschütteten Orte Herculaneum und Pompeji bei Neapel. Der spanische Ingenieur Rocque Joaquin de Alcubierre begann 1738 in Herculaneum, ab 1748 auch in Pompeji, nach Kunstschätzen zu suchen. Immer mehr Gelehrte und Kunstliebhaber reisten nach Pompeji, unter ihnen auch Winckelmann, der jedoch von den chaotischen Ausgrabungen geschockt war. In einem »Sendschreiben« kritisierte er das unmethodische Vorgehen und machte damit zugleich Pompeji in ganz Europa bekannt.

Das wäre ein guter Start für den ersten Archäologen gewesen – doch hier beginnt Winckelmanns Tragödie. Er hat nie selbst ausgegraben und Griechenland nie gesehen. Dabei war er gerade auf dem Weg dorthin. Er träumte davon, Olympia auszugraben. Seine Reisebörse war gut gefüllt. Und das hat er wohl auch einem Gast im Rasthof nahe Triest erzählt. Er wurde ermordet und ausgeraubt.

Alle unsere Kandidaten zeigen: Bis um 1800 können wir noch nicht ernsthaft von Archäologen sprechen. Dann begannen fast gleichzeitig die großen Ausgrabungen in Italien, Griechenland, Mesopotamien und Ägypten – welche Absicht verfolgten sie?

KAPITEL 5

»Haltet den Dieb« oder »Ein Hoch auf den Retter« – wurden die bedeutenden Antiken geraubt oder gerettet?

Wie ganze Grabkammern und Altäre in die Museen von London, Paris und Berlin wanderten

Berlin im Hochsommer. 100 Jugendliche und Delegierte aus dem türkischen Bergama, die an einer Städtepartner-olympiade in Böblingen teilgenommen haben, stürmen in das Pergamonmuseum und besetzen es kurzzeitig. In der großen Halle mit dem Pergamonaltar entrollen die Besetzer ein Transparent: »Gebt den Altar zurück!« Die kleine türkische Stadt Bergama am Rande des antiken Pergamon fühlt sich nach über 100 Jahren immer noch um ihren berühmtesten Fund betrogen.

Es ist in der Tat merkwürdig: Wer wissen will, wie der legendäre Zeus-Altar von Pergamon (einige antike Autoren zählten ihn zu den antiken Weltwundern) aussah, der reist nicht nach Bergama an die türkische Ägäis, sondern nach Berlin. Dort ist der ganze Altar nachgebaut – mit dem Großteil der Original-Marmorfriese. Auch die ältesten Sammlungen ägyptischer Kunst und Mumien sind nicht in Ägypten, sondern im Ägyptischen Museum in Berlin, im

Pariser Louvre oder im British Museum in London zu bewundern. Und wenn man gerade im British Museum ist, kann man sich dort auch gleich die schönen Marmorfriese anschauen, die einst das Parthenon auf der Athener Akropolis zierten. So kommt es in den europäischen Metropolen immer wieder zu ähnlichen Szenen wie im Pergamonmuseum, wenn Griechen, Türken oder Ägypter auf die geraubten Kulturgüter aus ihren Ländern aufmerksam machen.

Tatsächlich begann die Archäologie nicht als umsichtiges Denkmalschutz-Unternehmen. Im 19. Jahrhundert stiegen Länder wie Großbritannien, Frankreich und mit einiger Verzögerung auch Deutschland zu mächtigen Industrienationen auf. Weil sie ihren Führungsanspruch auch im kulturellen Bereich beweisen wollten, ließen sie große Museen bauen und füllten diese mit antiken Kunstwerken aus dem Mittelmeerraum.

Dabei stellten sie sich zugleich als Retter der antiken Kunst dar. Die Bevölkerung und die Regierungen in den Mittelmeerländern, so ihre Behauptung, würden diese Kulturschätze nicht genügend achten und schützen. Eine weitere Rechtfertigung für den Raub war der »Geist der Freiheit«, den man für das eigene Land in Anspruch nahm, anderen jedoch absprach. »Es ist Zeit, dass alle diese genialen Monumente der Griechen den Boden verlassen, der ihrer nicht mehr würdig ist«, erklärte beispielsweise das Gründungsmitglied des Louvre, Jaques Lebreton, im Jahr 1796. »Sie wurden in einem freien Land geschaffen, und nur in Frankreich können sie sich heimisch fühlen.«

Heute ist man sich gleichwohl einig: Die damaligen Grabungen waren vor allem Raubgrabungen. Die erste Phase der Archäologie im 19. Jahrhundert glich einem nationalen Beutezug.

Die Elgin-Marbles des Parthenon

Besonders eindeutig ist die Sache im Fall der sogenannten Elgin-Marbles. Zu Beginn des 19. Jahrhunderts hatte der antikenbegeisterte Lord Elgin das Glück, britischer Botschafter in der osmanischen Hauptstadt Konstantinopel (heute Istanbul) zu sein. Damals herrschten die Osmanen noch über den Balkan (und damit auch über Griechenland), allerdings war das Osmanische Reich außenpolitisch bereits stark geschwächt. Vom Norden drängten die Russen heran, vom Westen die beiden Konkurrenten England und Frankreich, die abwechselnd die Beschützerrolle für das von Russland bedrohte Reich einnahmen. Anfang des 19. Jahrhunderts hatte England diese Rolle übernommen. Als britischer Botschafter erlangte Lord Elgin vom Sultan, der ohnehin kein großes Interesse an antiken Monumenten hatte, mühelos eine Grabungserlaubnis für die Athener Akropolis. Damit ließ sich nach Lust und Laune rauben. Und wofür entschied er sich? Natürlich für die transportablen »Schmuckstücke« der Akropolis: die Statuen und Friese der Tempelanlagen aus der klassischen Zeit um 450 v. Chr.

Im Juli 1801 rückte Elgins Bautrupp auf der Akropolis an. 400 Arbeiter rüsteten das Parthenon ein und entfernten 56 der insgesamt 96 Friesplatten sowie 17 Giebelfiguren. Außerdem raubten sie Platten vom Fries des kleinen, aber feinen Nike-Tempels. Aus der Korenhalle des Erechtheions, der Kulthalle für verschiedene Götter und Helden, ließ Elgin eine Mädchenstatue entfernen, wobei das Gebäudedach einzustürzen drohte und durch einen Ziegelpfeiler gestützt werden musste.

Die Plünderung der Akropolis löste jedoch nicht den großen Freudenjubel aus, mit dem Elgin gerechnet hatte.

Akropolis von Athen

Bis heute bildet die Akropolis (griechisch: Oberstadt) das weithin sichtbare Wahrzeichen von Athen. Sie erhebt sich auf einem rund 300 mal 150 Meter großen natürlichen Felsplateau, das an drei Seiten steil abfällt.

Bereits in mykenischer Zeit wurde dort eine Burg errichtet. Als Athen im 8. bis 6. Jahrhundert v. Chr. zum Stadtstaat aufstieg, entwickelte sich die Akropolis mehr und mehr zum reinen Kultzentrum: Hier verehrten die Athener mit Tempelbauten und Opferfesten vor allem ihre Stadtgöttin Athene. Athene war in der Vorstellung ihrer Anhänger alles andere als eine gutmütige Muttergöttin – sie galt als reizbare Schutzgöttin des Krieges, der Weisheit und der Künste und wurde gern in Rüstung und mit einem Speer bewaffnet dargestellt.

Im Jahr 480 v. Chr. hatten die Perser Athen geplündert und die Akropolis zerstört, doch am Ende wurden sie von den vereinten Griechen bezwungen. Diese gründeten einen Seebund und kontrollierten daraufhin den östlichen Mittelmeerraum. Der Seebund der griechischen Stadtstaaten wurde von Athen geführt, das auch die gemeinsame Kriegskasse verwaltete. Deren Finanzreserven wurden beispielsweise als abnehmbare goldene Gewandplatten der zwölf Meter hohen Athene-Statue im Tempel umgehängt. Ihre Vormachtstellung wollten die Athener nun auch mit der Neugestaltung der Akropolis deutlich machen. Deshalb übertraf der Tempel der Athena Parthenos (Parthenon heißt »Jungfraugemach«) ganz bewusst alles Bisherige: Mit 31 mal 70 Metern Grundfläche und acht Säulen auf der Quer- und 17 auf der Längsseite war er das größte dorische Gebäude Griechenlands (dorisch heißt: schnörkellose Säulen tragen ein wuchtiges Dachgebälk).

Voller Empörung berichtete etwa ein Augenzeuge: »Ich hatte das unaussprechliche Missvergnügen, sehen zu müssen, wie der Parthenon seine schönsten Skulpturen verlor und wie viele architektonische Bauteile zu Boden stürzten.« Zeichnungen, die vor und nach dieser Aktion angefertigt wurden, belegen das Ausmaß der Zerstörung: Um besonders wertvolle Friese und Skulpturen unversehrt zu bergen, waren sie brachial aus den Bauwerken gerissen worden; bei manchen größeren Objekten hatte man einfach nur das Gesicht oder andere Einzelteile herausgehauen.

Viele kleine Elgins!

Unter denen, die mit ansehen mussten, wie die Beute auf Schiffe verladen wurde, befand sich auch der romantische Dichter und Vorkämpfer für die griechische Unabhängigkeit, Lord Byron. Er war erbost und griff zur Feder. In seiner Gedichte-Sammlung *Junker Harolds Pilgerfahrt* von 1811 verurteilte er den Raub der »bedauernswerten Reste« eines »blutenden Landes«. Seine scharfen Worte und zahlreiche weitere Proteste zeigten schließlich Wirkung: Erst nach langen Debatten und nur für einen Hungerlohn war das British Museum bereit, Elgins Raubgut zu übernehmen. In den gebildeten Kreisen wurde das Verhalten des Lords aufs Äußerste missbilligt – man lud ihn einfach nicht mehr zum Tee ein. Das hielt die Londoner jedoch nicht davon ab, in großen Scharen die ausgestellten Friese zu bewundern.

Am heftigsten protestierten ausgerechnet jene, die in kleinerem Maßstab das Gleiche taten wie Elgin – zum Beispiel der französische Schriftsteller François René Chateaubriand. Freimütig bekannte er: »Als ich die Zitadelle (Akropolis) verließ, nahm ich mir ein Marmorstück aus dem Parthenon mit; auch vom Grab des Agamemnon habe ich ein Bruchstück an mich genommen; und schließlich habe ich eigentlich von allen Bauten, die ich bisher besucht habe, immer ein Andenken gesammelt.«

Erst nachdem die Griechen 1829 ihre nationale Unabhängigkeit von den Osmanen erstritten hatten, konnten sie den Export von antiken Kunstwerken ganz verbieten.

Herkules mit Hydraulikkenntnissen – der große Belzoni in Ägypten

Besonders in Ägypten schien der kulturelle Reichtum schier unerschöpflich zu sein. Das zumindest war der Eindruck der Wissenschaftler, die 1799 die Altertümer des Nil-Landes erstmals systematisch untersuchten. Sie waren mit den Soldaten des machthungrigen französischen Feldherrn Napoleon Bonaparte gekommen, der das Land 1798 gegen die osmanischen Truppen erobert hatte. Allerdings blieb dieser »Ägyptischen Expedition« nicht viel Zeit, denn schon drei Jahre später hatten die Engländer ihre französischen Konkurrenten wieder aus Ägypten vertrieben. Nach einer kurzen Phase der Anarchie stieg der Truppenführer Mohammed Ali zum Gouverneur des Landes auf.

Tausend Jahre muslimische Herrschaft in Ägypten hatten den Pyramiden, Tempeln und Kolossalstatuen nur wenig anhaben können. Mohammed Ali aber wollte das Land modernisieren und holte dafür Ingenieure und Maschinen aus Europa. Mit ihrer Hilfe verschwanden allein zwischen 1810 und 1828 die Mauern von mindestens 13 antiken Tempeln in Kalkfabriken, um dort zu Baumaterial für neue Gebäude verarbeitet zu werden. Das dafür benötigte Geld beschaffte sich der Pascha mithilfe großzügiger Genehmigungen zur Plünderung der antiken Stätten.

Freilich war das Plündern in Ägypten gar nicht so einfach. Das Ganze war vor allem ein logistisches Problem, denn nicht nur die Tempel und Pyramiden hatten kolossale Ausmaße, auch die Statuen waren groß wie Häuser und die Obelisken bis zu 20 Meter hoch. Starke Männer waren gefragt.

Ein solcher Herkules war Giovanni Belzoni. Dieser Mann könnte glatt einem Hollywood-Film entsprungen sein, aber es gab ihn wirklich, und sein Leben ist unverständlicherweise noch nicht verfilmt worden. Der 1778 im italienischen Padua geborene Belzoni war ein Jahrmarkt-Kraftprotz, der zu Beginn des 19. Jahrhunderts zusammen mit seinem Bruder Francesco durch Europa zog. Angeblich maß Giovanni sage und schreibe 2,10 Meter. So groß wie heute die Basketball-Superstars, aber um einiges kräftiger gebaut. Giovannis Spezialität war es, gleichzeitig zwölf erwachsene Menschen zu tragen, die an seinen Armen hingen und auf seinen Schultern saßen.

Giovanni war freilich nicht nur ein Kraftmeier, sondern hatte daneben auch Hydraulik studiert – die Kunst, mit Wasser- und Luftdruck schwere Dinge zu bewegen oder zu steuern, beispielsweise Aufzüge oder Kräne. Das kam ihm jetzt zugute. Denn während er im Frühjahr 1815 auf Malta weilte, hörte er, dass der neue Pascha von Ägypten europäische Ingenieure ins Land holen wollte. Giovanni ging nach Ägypten, baute eine selbst konstruierte Wasserschöpfanlage – und blamierte sich damit vor dem Pascha. Doch er war ein Mann der Tat und gab nicht so schnell auf. Bald erkannte er eine neue Chance: In Ägypten gab es buchstäblich »große Dinge« zu bewegen.

Der Handel mit ägyptischen Altertümern erlebte zu dieser Zeit gerade einen ungeheuren Aufschwung. Diplomaten erhielten von ihren Regierungen den Auftrag, Objekte zu beschaffen, die in den Museen der europäischen Metropolen für Aufsehen sorgen sollten. So nahm der Brite Henry Salt, der für das British Museum arbeitete, den italienischen Muskelmann und Hydraulikspezialisten in seine Dienste.

Als Belzoni von einem kolossalen Ramses-Kopf hörte, machte er sich am westlichen Nilufer bei Luxor auf die Suche. Er fand ihn im Ramses-Tempel unweit des Dorfes Qurna – allerdings war das gute Stück 2,70 Meter hoch, sieben bis acht Tonnen schwer und mehr als drei Kilometer vom Nil entfernt. Belzoni ließ eine einfache Holzkonstruktion bauen, die von 80 Arbeitern gezogen wurde. Der Transport zum Nil nahm 16 Tage in Anspruch, in denen Belzoni in seiner warmen mitteleuropäischen Kleidung furchtbar schwitzte und regelmäßig hinter einem der wenigen Büsche verschwinden musste – Magen und Darm hielten ihn auf Trab. Er war am Ende seiner Kräfte, als schließlich der riesige Kopf das Ufer des Nils erreichte und dort für den Abtransport nach Kairo zwischengelagert wurde.

Die nächsten Ziele lagen weiter im Süden: die Tempel von Philae und Abu Simbel, zwei Monumente, die an der Grenze zu Nubien lagen. Besonders Abu Simbel, ein Felstempel mit riesigen Steinstatuen, die Abbilder von Ramses II. zeigten, sollte diese dunkelhäutigen Nachbarn einschüchtern, die immer wieder das Ägyptische Reich bedrohten.

In Philae ließ Belzoni verzierte Steine aus den Tempelwänden brechen. In Abu Simbel aber scheiterte er mit seinem Team an den Sandmassen, die der Wüstenwind unaufhörlich in den Eingang des Felsentempels blies.

Unterdessen nahmen die Rivalitäten zwischen französischen und britischen Antikensammlern beständig zu. Als

»Retter« oder »Räuber«? – nach seinem Tod wurde Muskelprotz
Belzoni mit diesem Kupferstich als Held gefeiert.

Belzoni Monate später wieder in Philae landete, waren die
dekorierten Blöcke zerstört, und jemand hatte »Operation
misslungen« darauf gekritzelt. Dafür gelang es Belzoni bei
dieser zweiten Expedition, endlich den Eingang von Abu
Simbel freizulegen. Doch welche Enttäuschung erwartete

ihn im Inneren: nur riesige Statuen – nichts, was sich abtransportieren ließ. Wieder in Kairo, hatte er erneut Pech, als er sich den Weg zur Grabkammer der Chephren-Pyramide erkämpfte: Sie war leer! Und damit noch immer nicht genug: Als Belzoni nach über einem Jahr abermals in Luxor landete, hatten sich dort mittlerweile die französischen Konkurrenten breit gemacht und bedient.

Belzoni war wütend, doch statt aufzugeben, wandte er sich jenseits des Nils der Nekropole des antiken Theben zu. Der Hüne stampfte förmlich durch Grabkammern und über Mumien:»Bei jedem Schritt zermalmte ich irgendwo eine Mumie unter meinen Füßen … Nach der Anstrengung, die es bedeutete, einen solchen Ort zu betreten, suchte ich einen Platz, um mich auszuruhen … Ich kam indes auf dem Leichnam eines Ägypters zu sitzen, und mein Gewicht zerquetschte ihn wie eine Hutschachtel.«

So unterhaltsam die Geschichte von Belzoni auch ist – sein Lebenswerk steht für die erste zerstörerische Phase der Archäologie. Doch selbst dieser Kraftprotz und Mumien-Zermalmer erreichte bei seinen Raubzügen einen Punkt, an dem er Skrupel bekam.

Gefährdeter Schatz – das Grab des Pharaos Sethos I.
Immerhin: Unter den sechs Grabanlagen, die Belzoni aufgestöbert hatte, fand sich auch das Grab des Pharaos Sethos I. Es galt lange Zeit als die schönste Grabanlage im Tal der Könige. Die mehr als 100 Meter langen Korridore und Kammern sind über und über mit bunten Wandgemälden bedeckt. Darauf sind der Pharao, das Sonnenboot, mit dem er das Reich durchquert, zahlreiche Unterweltgötter und immer wieder das Hauptmotiv zu sehen: Osiris, der Gott des Todes, und seine Rolle im Jenseits. Von der Decke

leuchten die unterschiedlichen Sternbilder – symbolisiert durch Löwe, Stier und Krokodil.

Belzoni brauchte nur zehn Tage, wozu Archäologen heute zehn Jahre benötigen – die Grabanlage zu untersuchen, auszuräumen und gegen Einsturz und Zerfall zu sichern. Ein Besucherstrom setzte ein. Durch die Atemluft der vielen Besucher und durch Wasser, das in die Grabkammer einsickerte, zerfielen die Wandbemalungen jedoch zusehends.

1829 machte hier Jean-François Champollion Zwischenstation – der Mann, der als Erster die Hieroglyphenschrift entziffert hatte (s. Kapitel 6). Er war eigentlich ein entschiedener Gegner der Plünderungen. Doch als er den Zerfall der Wandgemälde mit eigenen Augen sah, regte er sogar an, sie nach Frankreich zu bringen. »Das wird der einzige Weg sein, sie vor der drohenden Zerstörung zu retten.« Diese Worte waren an englische Archäologen gerichtet, die natürlich heftigst protestierten. Am Ende wurden die Wandreliefs weder nach Paris noch nach London gebracht. Selbst Giovanni Belzoni hatte vor dieser Maßnahme zurückgeschreckt und stattdessen von der gesamten Grabanlage Kopien anfertigen lassen. Sie wurden mit großem Erfolg in London und anderen europäischen Städten ausgestellt.

Leider ist das Grab Sethos I. noch immer gefährdet, denn auch mehrere Rettungsaktionen während der letzten 50 Jahre haben wenig Wirkung gezeigt. Dabei gibt es inzwischen durchaus verlässliche Konservierungsverfahren – das zeigt das Grab von Nefertari, der Lieblingsgattin des Pharaos Ramses II., im Tal der Königinnen. Damit die dort vom amerikanischen Getty Conservation Institute 1985 bis 1992 durchgeführten Restaurierungen langfristig erhalten bleiben, müssen Luftfeuchtigkeit und Kohlendioxid-Ge-

Zu groß, um fortgeschleppt zu werden: Riesige Statuen von Ramses II.
liegen noch heute umgestürzt in seinem Tempel am Nil.

halt der Luft niedrig gehalten werden: Täglich dürfen nur
150 Besucher die Grabkammer betreten. Dank dieser Maßnahmen lassen sich seit 1995 wieder die höchst lebendigen
Darstellungen bewundern, wie Nefertari auf dem Weg ins
Jenseits mit den Göttern der Unterwelt zusammentrifft.
Die satte Farbgebung auf dickem Putz wird durch die bei
der Restaurierung verwendete Acrylschicht noch verstärkt.

Ende des Ausverkaufs

Mit dem Ausverkauf ägyptischer Altertümer war 1858
Schluss. Zuvor hatten sich zwar auch noch die Deutschen
bedient – die erste große deutsche Expedition unter Karl
Richard Lepsius hatte in den Jahren 1842 bis 1845 mit
15 000 Funden den Grundstock für das Ägyptische Museum in Berlin gelegt –, doch mit der Ernennung des Franzosen Auguste Mariette zum ersten Generaldirektor der

Ägyptischen Altertümer in Kairo war es vorbei mit solchen Raubzügen. Dem König von Ägypten, Said Pascha, war damit ein kluger Schachzug gelungen: Er hatte einen Ausländer für diesen wichtigen Posten ernannt, der von den Ausgräbern akzeptiert wurde.

Überdies war Auguste Mariette ein echter Idealist: Den ehemaligen Lehrer hatte daheim das Ägypten-Fieber gepackt. 1850 war er an den Nil gekommen, um in Klöstern frühchristliche Manuskripte zu kaufen. Nachdem er damit keinen Erfolg hatte, nutzte er seine Gelder, um in der Pyramidenstätte Sakkara zu graben. Er legte eine unterirdische Nekropole frei. Diese umsichtige Grabung brachte ihm viel Anerkennung und 1857 einen Folgeauftrag von Said Pascha: Anlässlich des Besuchs des französischen Prinzen Napoleon (eines Cousins des Kaisers Napoleon III.) sollte er eine schöne kleine Sammlung ägyptischer Altertümer zusammenstellen. Mariette bekam dafür Gelder und ein Dampfboot gestellt und konnte in Gizeh, Sakkara, Theben und Elephantine graben. Der Prinz kam am Ende gar nicht – aber das war egal, denn Mariette konnte Said Pascha dazu überreden, ihn weiter ausgraben zu lassen. Die kleine Sammlung für den Prinzen bildete den Grundstock für das Ägyptische Nationalmuseum in Kairo. Im Laufe seiner inzwischen 150-jährigen Geschichte wurde es schließlich doch zu dem Ort, wo die meisten und kostbarsten Kunstwerke des alten Ägypten aufbewahrt werden.

Der Pergamonaltar – zufällige Rettung eines antiken Weltwunders?

Die bewegende Geschichte von der zufälligen Rettung der Altarfriese von Pergamon, die noch immer in den meisten Reiseführern steht, geht so: Im Jahr 1873 baute der deutsche

Ingenieur Carl Humann in der Nähe von Bergama eine Straße. Zufällig fiel ihm dort eine Marmorplatte mit einem Relief auf, die ein Bauer in seiner Karre transportierte. Er kaufte dem Bauern die Platte, die zu Kalk verbrannt werden sollte, ab und schickte sie an die königlich-preußischen Museen nach Berlin. Dort erkannte man die Bedeutung des Fundes und setzte alles zur Rettung Notwendige in Bewegung.

Eine nette Geschichte, aber leider von Legenden überwuchert. Der Mann jedenfalls, der den Pergamonaltar fand, war weder Archäologe noch Ingenieur. Ein Lungenleiden führte dazu, dass er sein Studium der Ingenieurwissenschaft vorzeitig beenden musste. Er folgte einer Einladung seines Bruders Franz auf die Insel Samos, wo dieser mit dem Ausbau eines Hafens beschäftigt war. Humann nutzte seinen Aufenthalt, um den teilweise freigelegten Hera-Tempel zu erforschen und weiter auszugraben. Das Mittelmeerklima tat ihm gut, und er ließ sich dauerhaft in Istanbul nieder, wo ihm nicht nur die historische Umgebung imponierte. »Hier in der Türkei lebt man in der Tat viel freier als in Preußen oder irgendeinem anderen deutschen Vaterlande«, schrieb er voller Begeisterung an seine Eltern. »Mit Pässen und anderer lästiger Aufsicht wird man nicht gequält. Jeder kann sich Geld verdienen, wie er will.«

Weil Briten und Deutsche dem Osmanischen Reich militärischen Beistand gegen das zaristische Russland leisteten, öffnete sich das Land in den 1860er Jahren notgedrungen dem Westen – günstige Bedingungen für forsche Händler und Ingenieure. Die Brüder Humann erhielten vom Großwesir persönlich Vermessungsaufträge und schließlich 1867 die Genehmigung für den Bau von Straßen in Kleinasien. Bereits 1864 hatte Carl die Akropolis (Zitadelle) von Perga-

Zeus-Altar von Pergamon

Der Zeus-Altar thronte seit dem 2. Jahrhundert v. Chr.
an der südlichen Spitze der Akropolis von Pergamon und
war von Weitem in der Landschaft sichtbar. Zu dieser Zeit
war Pergamon Hauptstadt eines Königreichs, das im
3. Jahrhundert v. Chr. gegründet worden war. In den
folgenden 150 Jahren konnte sich das Reich immer weiter
ausbreiten, nur mit einem Nachbarn gab es über Jahrzehnte
unlösbaren Streit: Eine größere Gruppe Kelten hatte es
während der großen Auswanderungswelle aus Mitteleuropa nach Kleinasien verschlagen. Ihre Kampfkraft und
ihr Wandertrieb machten diese keltischen »Gallier« oder
»Galater« zu äußerst unbequemen Nachbarn.
Als die Kelten nach etlichen Kriegen endlich bezwungen
waren, feierten die Bewohner von Pergamon dies mit dem
Bau des großen Zeus-Altars. Er wurde auf einer Fläche
von 34 mal 36 Metern u-förmig angelegt: Der obere Teil
glich einem Säulengang, der Sockel war mit plastischen
Friesen überzogen. Diese Skulpturen haben wenig mit den
schlichten Statuen der griechischen Klassik gemeinsam.
Sie sind sehr naturnah und lebendig dargestellt und waren
außerdem bunt angemalt und mit metallenem Zierrat –
Helmen und Schildern – bestückt. Ein antikes Disneyland!
Dargestellt wurden jedoch nicht die eigentlichen Kämpfer
gegen die Gallier, sondern ihre göttlichen Stellvertreter:
An der Seite von Athene und Gottvater Zeus kämpfen
rund 50 Götter des griechischen Olymps gegen die
Giganten und Zyklopen, erdgebundene und boshafte
Halbgötter, die nach der Macht greifen.

mon besucht und sich darüber empört, dass sämtlicher transportabler Marmor zu Kalk verbrannt worden war.

Lange bevor er 1867 die ersten Friesplatten des Altars entdeckte, konnte er dank seiner Beziehungen den Kalkbrennern das Handwerk legen lassen. In unmittelbarer Gefahr hatten sich die Altarfriese sowieso nicht befunden. Sie waren seit dem 8. Jahrhundert n. Chr. fest in einer Mauer verbaut – mit den wertvollen Skulpturen nach innen.

Im 8. Jahrhundert n. Chr. gehörte Pergamon zum Byzantinischen Reich, das von angreifenden Arabern bedroht wurde. In aller Eile errichteten die Bewohner von Pergamon deshalb eine Stadtmauer um ihren Burgberg. »Mehrmals wurde eine Verteidigungsmauer errichtet«, erklärt der heutige Pergamon-Ausgräber Wolfgang Radt, »und dabei haben die Erbauer ruckzuck Teile der Paläste und Tempelanlagen mitverbaut.« Als Material wurden auch die leicht abzunehmenden Friesplatten des großen Altars verwendet. Die Byzantiner waren überwiegend Christen und sahen in den Darstellungen griechischer Götter sowieso nur heidnisches Machwerk. Doch der Mauerbau hat ihnen selbst wenig genutzt, denn die Araber haben Pergamon trotzdem erobert.

Die Altarfriese waren allerdings nun für die nächsten 1100 Jahre gut verpackt. Sehr gut verpackt, denn als Humann 1871 auf eigene Faust die erste Friesplatte freilegte, benötigte er eine starke Seilwinde, um sie aus dem Mauerwerk zu brechen.

Im Jahr 1873 ging das Straßenbauprojekt der Gebrüder Humann Bankrott, und Carl suchte eine neue Aufgabe. Er hatte dem Leiter der Berliner Antikensammlung, Ernst Curtius, die ersten Friesfunde aus Pergamon gezeigt. Doch in der Reichshauptstadt war man zunächst nicht interessiert: Das seien nicht die idealen, die schlichten Kunstwerke griechischer Klassik, wie sie Winckelmann vorgeschwebt hatten, sondern viel zu plastische Darstellungen irgendeines Götterkampfes. Zu Humanns Enttäuschung wandte sich Curtius lieber den Ausgrabungen in Olympia zu. Erst Curtius' Nachfolger, Alexander Conze, brachte die Friesplatten mit einer Bemerkung des antiken Schriftstellers Lucius Ampelius in Verbindung, der von einem »großen Marmoraltar mit großen Marmorskulpturen« berichtet hatte – für ihn eines der sieben Weltwunder.

Eines der antiken Weltwunder kam gerade recht, denn das vereinte Deutsche Reich schickte sich an, Kulturnation zu werden. Und das hieß: Große Kunstwerke gehören in große Museen. Bereits während der ersten Grabungskampagne im Jahr 1878 konnte Humann 39 Friese freilegen und nach Berlin verschicken. Als sie dort im folgenden Jahr ohne große Vorankündigung ausgestellt wurden, war die Begeisterung über diese überlebensgroßen Götter und Giganten groß. Nach einigem Hin und Her errichtete man schließlich eine eigene Halle für den rekonstruierten Altar in dem Museum, das seither Pergamonmuseum heißt.

Die Ausgrabungen in Pergamon gingen weiter. Humanns Nachfolger Wilhelm Dörpfeld und Theodor Wiegand ließen Anfang des 20. Jahrhunderts das gesamte Stadtgebiet der Akropolis erforschen. Obwohl sie erste Schutzmaßnahmen für den Erhalt der Bauwerke einleiteten, blieben ihre Arbeiten in erster Linie Suchgrabungen. Das heißt: Sie sorgten dafür, dass die Stätte nicht weiter zerfiel, doch sie richteten keine Säulen oder Mauerwerke wieder auf. Um die Wende vom 19. zum 20. Jahrhundert herum glich die Akropolis deshalb einem Trümmerfeld. Erst mit der 1971

Die berühmten Friese des Zeus-Altars von Pergamon bleiben
in Berlin – als Entschädigung bauten deutsche Archäologen das Trajan-
Heiligtum wieder auf.

einsetzenden neuesten Grabungskampagne hat sich die
Zielsetzung völlig gewandelt: Nun steht das Bewahren an
erster Stelle. Eine umfassende Restaurierung der Anlage
kombinieren die Wissenschaftler mit der Erforschung der
Unterstadt.

So weit, so gut – doch nun protestiert der Bürgermeister
von Bergama: »Berlin hat den Altar seit 120 Jahren. Okay,
sagen wir, das reicht! Wir wollen ihn wieder in der Stadt
haben – entweder auf der Akropolis oder wir bauen ein
neues Museum.« Diesen Wunsch findet Wolfgang Radt, der
deutsche Grabungsleiter, durchaus verständlich. »Aber der
Altar ist rechtmäßig nach Deutschland gekommen: Die
ursprüngliche Grabungsgenehmigung sah zwei Drittel der
Funde für das Deutsche Reich vor, das übrige Drittel wurde
den Osmanen im Nachhinein abgehandelt.« Trotzdem ha-

ben sich die Archäologen mit den türkischen Behörden auf einen »Ausgleich« geeinigt: Mit viel Aufwand wurde vom deutschen Grabungsteam das Trajaneum rekonstruiert, ein römisches Heiligtum am Gipfelpunkt der Akropolis von Pergamon.

KAPITEL 6

Hoppla, was haben wir denn da – wurden die größten Funde zufällig gemacht?

Zufälle und viel Fleiß führten zur Entzifferung alter Schriften

Fall 1: Um 1600 am Golf von Neapel unweit des Vesuvs. Bei Entwässerungsarbeiten stoßen Bauern auf Gänge im Untergrund, deren Wände mit Inschriften versehen sind – nach rund 1600 Jahren werden Pompeji und Herkulaneum wiederentdeckt.

Fall 2: Nordsyrien am Tell Halaf im 19. Jahrhundert. Beim Ausschachten von Gräbern treffen die einheimischen Tscherkessen immer wieder auf merkwürdige Wesen aus Stein mit Flügeln und großen Augen – sie wissen nicht, dass es sich um Zeugnisse assyrischer Kulturen handelt.

Fall 3: Auf der Troas, der Landzunge im äußersten Nordwesten der Türkei, die von der Ägäis und der Dardanellenmeerenge umgrenzt wird und nach ihrem Mittelpunkt Troia benannt ist. Zeitpunkt: Irgendwann in den letzten 1500 Jahren. Immer wieder stoßen die Bauern beim Pflügen ihrer Felder auf Keramikscherben, Terrakottafiguren und ganze Scheiben von alten Tempelsäulen – Überreste des antiken Troias und seiner Vorläufer-Städte.

Fall 4: Wadi Qumran, ein öder Fleck am Toten Meer im Jahr 1947. Der 15-jährige Hirtenjunge Muhammed edh-Dhib wirft einen Stein in eine Höhle, um seine verirrten Ziegen aufzuscheuchen – er hört, wie ein Gefäß zerschlägt, sieht nach und findet in den Scherben eine der Schriftrollen von Qumran.

Fall 5: Am 2. August 1799 im Nildelta. Die Franzosen haben unter ihrem Feldherrn Napoleon zwar Ägypten im Handstreich erobert, doch nun werden sie von den Türken zu Lande und den Briten zu Wasser in die Enge getrieben. Da sie die Küste gegen die anrückenden englischen Schiffe verteidigen wollen, werden die vorhandenen Forts weiter verstärkt – so auch das alte Fort Raschid, sieben Kilometer von Rosette entfernt. Dabei prallt die Spitzhacke eines Soldaten von etwas Hartem ab. Zutage kommt eine schwarze Basaltplatte, die über und über mit Zeichen und Schriften bedeckt ist.

Diese und ähnliche Geschichten scheinen eine weitverbreitete Ansicht doch ganz klar zu belegen: Die größten Funde wurden und werden durch Zufall gemacht. Wirklich? Und was geschieht mit ihnen nach dem Fund? Gehen wir die beschriebenen Fälle einmal genauer durch.

Manchmal kommt eine zufällige Entdeckung einfach zu früh: Im Fall 1 – Pompeji – war die Zeit um 1600 einfach noch nicht reif. Niemand interessierte sich für die wiederentdeckte Stadt. Es mussten erst über 100 Jahre vergehen, ehe sich der Zeitgeist für die Antike und ihre Kunst öffnete. Als 1719 ein Bauer, der genau über dem antiken Herkulaneum lebte, einen Brunnenschacht aushob, stieß er auf kunstvolle antike Grabmonumente. Als Antiquitätenhändler aus Neapel davon erfuhren, kamen sie herbei und begannen, die Bauwerke von der harten Lava freizulegen, um sie zu plündern. Erst gut 30 Jahre später starteten italienische Gelehrte und Adlige erste systematische Grabungen.

Manchmal wollen die Entdecker von ihrer zufälligen Entdeckung gar nichts wissen – wie im Fall 2: Die Tscherkessen haben die Skulpturen, auf die sie immer wieder beim Ausschachten von Gräbern stießen, aus Ehrfurcht und Angst gleich wieder zugeschüttet. Denn sie führten eine Missernte darauf zurück, dass sie die Geister im Boden gestört hatten. Deshalb weigerten sie sich zunächst auch, dem deutschen Max von Oppenheim 1899 den Platz zu zeigen. Es bedurfte erst der Respektlosigkeit eines westlichen Mannes und einer gehörigen Portion Bestechungsgeld, um Reliefs und Skulpturen der mesopotamischen Kulturen aus ihrer Umgebung zu reißen.

Auf der Troas – Fall 3 – haben die Bauern die gefundenen Gegenstände entweder einfach an die Seite geschmissen oder praktisch genutzt. So karg und arm die Häuser der Bauern und Fischer waren, hier und da ließ sich etwas »Luxus« entdecken: Ein geriffelter Säulenstumpf aus Marmor wurde als Amboss benutzt, und ein Altarfragment hatte man zu einer Viehtränke umgebaut. Lauter mögliche Troia-Entdecker, die aber nichts mit dieser Entdeckung hätten anfangen können. Deshalb lässt sich die Frage auch umkehren: Wie oft wohl wurden Zufallsfunde gemacht, von denen wir nichts gehört haben?

Fall 4 – die Schriftrollen von Qumran – zeigt, dass es von der Entdeckung zur Anerkennung des Fundes ein weiter Weg sein kann. Die Pergamentrollen aus der Zeit um etwa 100 v. Chr. geben einen einmaligen Einblick in die Gedankenwelt einer jüdischen Sekte kurz vor der Geburt von Jesus. Sie können beispielsweise zeigen, was an seiner Lehre wirklich neu war und was einfach nur dem Zeitgeist entsprach. Der Junge nahm eine der Schriftrollen mit und zeigte sie seinen Freunden. Gemeinsam holten sie noch einige Rollen aus der Höhle und brachten sie einem Scheich, der in Bethlehem lebte. Der sah, dass sie nicht in arabischer Schrift verfasst waren, und schickte die Jungen zu einem syrischen Kaufmann. Dieser ging mit der Rolle zum syrisch-orthodoxen Erzbischof von Jerusalem. Und der wiederum erkannte die hebräische Schrift und kaufte nach wochenlangem Zögern fünf Rollen. Er zeigte sie einem Gelehrten, der die Funde für wertlos hielt. Währenddessen kauft Professor Sukenik von der Hebräischen Universität einige Rollen von einem Antiquitätenhändler aus Jerusalem, die wahrscheinlich vom Scheich aus Bethlehem stammten. Doch der Durchbruch kam erst, als das Amerikanische Institut für Orientforschung erklärte, die Rollen seien ungefähr 2000 Jahre alt und »der größte Handschriftenfund der jüngsten Zeit« – beinahe wäre alles schiefgegangen.

Bleibt noch Fall 5, der Stein von Rosette. Hier stimmt alles. Napoleon hatte nicht nur einen ganzen Stab von Gelehrten mit auf seinen Ägyptenfeldzug genommen, sondern auch dafür gesorgt, dass die Armeevorgesetzten ein gewisses Verständnis für alte Kulturen besaßen. So erkannte der Brigadechef André Joseph Boussard sofort, dass die Tafel in drei Schriften abgefasst war, die alle den gleichen Inhalt beschrieben – eine Trilinguae! Ein Teil des Textes war in ägyptischen Hieroglyphen verfasst, ein anderer in der damals bereits weitverbreiteten demotischen Alphabetschrift und der letzte schließlich auf Griechisch: Es handelte sich um eine Inschrift aus der Ptolemäerzeit und war datiert auf den 18. Mechir des Jahres 9 (27. März 196 v. Chr.), als das griechische Geschlecht der Ptolemäer die Könige von Ägypten stellten. Für die »Detektive der Vergangenheit« war es

Ein echter Zufallsfund: Der Stein von Rosette, eine in drei Sprachen
verfasste Inschrift wurde zum Schlüssel für die ägyptischen
Hieroglyphen.

ein unwahrscheinlicher Glücksfall: Der Schlüssel zur Hieroglyphenschrift. Denn mithilfe des griechischen Textes, den sie lesen und verstehen konnten, sollte es ihnen einige Jahre später gelingen, die alten Zeichen der Ägypter zu entschlüsseln.

Die Beispiele zeigen: Ob ein Fund zufällig gemacht wird oder bei einer systematischen Suche entdeckt wird, ist gar nicht die entscheidende Frage. Entscheidend ist vielmehr, was mit dem Fund passiert: Wird er in seiner Wichtigkeit erkannt? Gelangt er in die Hände von Forschern, die etwas damit anfangen können?

Die Entzifferung der ägyptischen Hieroglyphenschrift
Trotz der Trilinguae von Rosette war die Entzifferung der Hieroglyphenschrift eine härtere Nuss als die Entzifferung der Keilschrift, unter anderem deshalb, weil sie noch mehr Zeichen als die mesopotamischen Schriften aufweist: Rund 1470 unterschiedliche Zeichen sind bekannt.
Die Kardinalfrage lautete auch hier wieder: Stehen die Hieroglyphen für einzelne Buchstaben oder Silben oder für ganze Dinge und Ideen. Letzteres glaubten britische Forscher – doch sie kamen zu keiner befriedigenden Lösung.
Ganze 14 Jahre benötigte der Franzose Jean-François Champollion, um die Rätselnuss zu knacken. Er kam auf folgende Lösung: Sie stehen einmal für Laute und ein anderes Mal für Dinge und Ideen. Viele Hieroglyphen stehen für Buchstaben: Ein Schilfblatt ist ein »J«, eine Eule ein »M«, eine Wasserlinie ein »N« und ein Mund ein »R«. Andere Hieroglyphen stehen für genau das, was sie darstellen: ein Stier, ein Pferd, ein Kind. Und dann gibt

es noch Zeichen, die Bedeutungen wiedergeben: Ein
gebeugter Mann steht für »alt«, ein Auge für »sehen«
und ein Männchen mit hochgerissenen Armen für
»jubeln«.

Im Gegensatz zu den Sumerern verwendeten die Ägypter
ihre Schrift nicht hauptsächlich für schnöde Alltags-
geschäfte, sondern für religiöse Belange. Ihre Zeichen
galten ihnen zumindest anfänglich als heilig.

Zufälle, Mut und Fleiß: die Entzifferung
der mesopotamischen Keilschrift

Der Weg zur Entzifferung der mesopotamischen Keilschrift
im 19. Jahrhundert ist ein Paradebeispiel dafür, wie Archäologen zu ihren spektakulären Funden kommen und wie sie
hieraus ihre Erkenntnisse gewinnen. Denn es war nicht nur
der Zufall, sondern vor allem auch der Fleiß, der Mut und
die Kombinationsgabe der Forscher, die zur Lösung eines
der großen archäologischen Rätsel führten, und damit zur
Wiederentdeckung einer der bedeutendsten Kulturland-
schaften der Menschheit.

Mesopotamien – Land zwischen den Strömen – nannten
die Griechen die Region (der heutige Irak), die schon lange
vor ihnen selbst und noch vor den Ägyptern Hochkulturen
hervorgebracht hatte. Ähnlich wie der Nil in Ägypten bringen die beiden Flüsse Euphrat und Tigris Fruchtbarkeit –
Wasser und Schlamm – in die Syrische Wüste, bevor sie in
den Persischen Golf münden. Doch das ist nicht der einzige
Grund, warum gerade dort so viele Kulturen (z. B. Sumer,
Babylonien, Assyrien) entstanden und wieder zerstört
wurden. Mesopotamien ist Teil des Nahen Ostens, der die

natürliche Verbindungsbrücke zwischen Europa, Afrika und Asien bildet. Hier trafen über Jahrtausende die Völker aufeinander: Die Eroberer Kleinasiens stießen auf Ägyptens Heere, östliche Karawanen auf westliche Händler, die Mittelmeerbewohner auf die Nomadenkrieger Zentralasiens.

Im 5. und 4. Jahrtausend v. Chr. entstanden in Südmesopotamien die ersten Stadtstaaten wie Ur, Lagasch und Kisch. Doch schon bald lagen sie in ständigem Streit um die Vorherrschaft – bis König Sargon I. aus Nordmesopotamien um 2330 v. Chr. das Land eroberte und das erste Reich, genannt Akkad, errichtete. Ihm folgten ab etwa 1750 v. Chr. babylonische Herrscher, ab etwa 1200 v. Chr. assyrische Machthaber und um 626 v. Chr. wieder ein babylonisches Weltreich. Danach geriet Mesopotamien unter persischen Einfluss.

So wurde Mesopotamien über die Jahrtausende zur Heimat vieler legendärer Orte, die die abendländischen Christen aus der Bibel kennen: Das sumerische Ur beispielsweise galt als Abrahams Heimatstadt. Oder die assyrische Hauptstadt Ninive wird von dem Propheten Zephanja im Alten Testament verflucht: »Ninive wird der Herr öde machen, dürre wie eine Wüste.« Und Babylon war der Ort des legendären Turmbaus und Hauptstadt des Reiches Nebukadnezars. Dieser herrschte grausam über den ganzen Nahen Osten, ließ im 6. Jahrhundert v. Chr. nach einem jüdischen Aufstand Jerusalem zerstören und ein Teil der Juden nach Babylon verschleppen. Ist es da ein Wunder, dass es die ersten archäologischen Abenteurer aus dem christlichen Abendland dorthin zog?

Im 19. Jahrhundert war Mesopotamien wesentlich schlechter zu erreichen als Griechenland, Kleinasien oder

Sumerer: Die ersten Städte wachsen
aus dem Sumpf

Die lebensfeindliche Umgebung der Wüste drängte die Menschen in Mesopotamien an die Flüsse, deren Ufer durch die regelmäßigen Überschwemmungen äußerst fruchtbar waren. Doch um Landwirtschaft betreiben zu können, war zweierlei notwendig: Man brauchte Dämme als Schutz vor den Fluten und Kanalsysteme, um die Felder auch während der langen Trockenzeit zu bewässern. Diese schwierigen Aufgaben konnten die Neusiedler nur in großen Gruppen erledigen. Allerdings hatten die Menschen zu dieser Zeit noch nicht gelernt, in großen Teams zu arbeiten. Das konnte nur funktionieren, wenn es klare Kommandos gab – so entwickelte sich eine große Gemeinschaft mit strenger Hierarchie. Auf diese Weise entstanden die über das Zweistromland verteilten großen Siedlungen: Uruk, Kisch, Lagasch und Ur, deren Ursprünge sich bis ins 5. Jahrtausend v. Chr. zurückverfolgen lassen. Bewässerte Landwirtschaft, große Städte mit monumentalen Tempeln und zentralem Getreidespeicher kennzeichneten die erste Hochkultur im Zweistromland.

Die fruchtbaren Uferzonen von Euphrat und Tigris waren schon bald zu klein geworden für die vielen Stadtstaaten in Südmesopotamien. Kämpfe um fruchtbares Land, Wasserrechte und die Vormachtstellung entbrannten.

Ägypten, die alle an der Mittelmeerküste liegen. Die Osmanen hatten diesen Teil ihres Reiches verfallen lassen. Um nach Nordmesopotamien zu gelangen, musste man die Syrische Wüste durchqueren oder auf dem reißenden Tigris reisen – das schreckte ab.

Doch dann wurden die ersten Funde von dort in England und Frankreich ausgestellt: Reliefs und Skulpturen assyrischer Paläste des 1. Jahrtausends v. Chr. In den Löwen- und Stiergestalten mit Flügeln und bärtigen Menschenköpfen erkannten viele Besucher die goldenen Cherubime (Schutzgeister, geflügelte Engel) wieder, von denen im Alten Testament die Rede ist. Andere meinten, die viergestaltigen Gottesvisionen des Hesekiel zu erkennen. In Europa wurde den Menschen plötzlich klar, dass die Er-

Aggressive Assyrer

Das Reich der Assyrer entstand aus einem kleinen Kerngebiet in Nordmesopotamien, am Oberlauf des Tigris. Um 1000 v. Chr. wurden die Assyrer durch den Metallhandel zwischen Ost und West reich. Da sie immer wieder von Reiternomaden angegriffen wurden, stellten sie ein Heer auf, und weil ihre Soldaten mit ihren Streitwagen aggressiver waren als ihre Gegner, konnten die Assyrer ab 900 v. Chr. nach und nach die benachbarten Völker unterwerfen. Jeder neue assyrische König wollte der Welt seine Größe beweisen und ließ eine neue Hauptstadt errichten. So wurden neben Ninive und Nimrud auch Assur und Khorsabad zu Herrschersitzen mit Palästen und Tempeln ausgebaut. Sie plünderten und verlangten hohe Abgaben. Um Aufständen vorzubeugen, verschleppten sie Teile der Bevölkerung in andere Gebiete – so wuchs der Hass auf die Eroberer.

Im Jahr 612 n. Chr. schließlich wurden die Assyrer von den Medern und den Babyloniern geschlagen und Ninive völlig zerstört. Daraufhin übernahmen die Babylonier sämtliche Grausamkeiten der Assyrer.

zählungen der Bibel durch Kulturzeugnisse des alten Orients überprüft und erklärt werden können.

Es begann ein Wettlauf um diese Trophäen – und den schien Paul-Emile Botta zu verlieren. Der Franzose war 1842 ziemlich am Ende – finanziell und kräftemäßig. Da grub er in Ninive, der legendären Hauptstadt des Assyrerreiches, der Stadt, die im Alten Testament mehrfach verflucht worden war – doch statt der erhofften riesigen Skulpturen stieß er nur auf viel zu kleine Teile von Reliefs und auf tonnenweise Tonziegel, die mit merkwürdigen Strichen versehen waren. Wie die meisten seiner Zeitgenossen tat Botta diese in den Ton gedrückten Zeichen als Humbug ab, ja sogar als von Würmern in den Lehm gefressene Löcher. Hier sollte Ninive sein? Botta war sich nicht mehr sicher – hatte aber zufällig und eher unfreiwillig einen wichtigen Schritt zur Entschlüsselung der mesopotamischen Keilschrift getan.

Zufall: Layard erkennt die Keilschrift

Auch Austen Layard, ein britischer Kaufmann, der Botta bei seiner Ausgrabung unterstützte, sah in den Schrifttafeln anfangs nur »seltsam dekorierte Tonplatten«. Layard versuchte sein Ausgräberglück im 32 Kilometer weiter südlich gelegenen Kalach, wo er mit wenig Aufwand die Fundamente von fünf Palästen, eine Fülle von Skulpturen wie die bekannten geflügelten Stiere und herrliche Wandreliefs freilegte. Er glaubte zunächst, hier läge das eigentliche Ninive, heute wissen wir, dass es die spätere Königsstadt Nimrud war. Ein glücklicher Zufall wollte es, dass Layard nach diesen Grabungen kurz nach England zurückkehrte, um dort im Eiltempo sein Buch *Ninive und seine verborgenen Schätze* zu schreiben. Während dieses Aufenthalts in der Heimat traf er einen Gelehrten, der ihm die Bedeutung der

Neues von der Sintflut – der Text dieser assyrischen Keilschrift-Scherbe handelt vom Gilgamesch-Epos.

Keilschrifttafeln erklärte. Nun barg er gezielt Keilschrifttafeln für das British Museum – allein die Bibliothek von Ninive umfasste rund 26 000 Tontafeln.

Die Wichtigkeit der Schrifttafeln war nun erkannt – doch wie sollten die Forscher das unbekannte Schriftsystem entziffern? Stellen die Zeichen einzelne Laute oder Silben dar oder ganze Wörter und Bedeutungen – steht ein X für den

Laut »X« oder für das Wort »Kreuzung« oder vielleicht für die Bedeutung »Es überschneiden sich zwei Dinge«? Wo endet die Sinneinheit – das Wort, der Satz? Die Forscher konnten nicht bei der mesopotamischen Keilschrift beginnen, sie brauchten eine Brücke, eine spätere Schrift und dazu möglichst einen »Schlüssel«, eine Bi- oder Trilinguae wie den Stein von Rosette. Und hier kam Henry Rawlinson ins Spiel.

Wagemutig und geduldig: Rawlinson entziffert die Keilschrift

Zwischen Mesopotamien und Persien liegt das Zagrosgebirge, durch das nur einige Passstraßen führen. Doch diese sind seit Jahrtausenden wichtige Teile der Ost-West-Verbindungen, wie beispielsweise der Seidenstraße nach China. Auf einer dieser Straßen, der Verbindung von Babylon ins persische Hochland, hatten Diener des Perserkönigs Dareios I. im 6. Jahrhundert v. Chr. eine Trilinguae in die Felswand gemeißelt – die Inschrift von Behistun.

Wozu dienten solche Trilinguae? Dem gleichen Zweck, weshalb auch heute viele Behördentexte auf Deutsch, Türkisch und Englisch verfasst sind: Die Regierung will sichergehen, dass alle Bürger die Botschaft lesen können. Die Inschrift von Behistun war in persischer, skythischer und babylonischer Sprache verfasst.

Damit niemand die Inschrift verschandelte, wurde bewusst eine hoch gelegene, unzugängliche Stelle dafür ausgesucht. Zu hoch und unzugänglich auch, um einen Abdruck zu nehmen – daher hatten viele Forscher und Abenteurer bereits aufgegeben. Für Henry Rawlinson jedoch war dieser Umstand kein Unglück, sondern eine Herausforderung; denn der Militärberater und Sprachforscher war ein Abenteurer mit Hang zum Freeclimbing.

Antiker »Behördentext«: In drei Sprachen wendet sich der persische
König an seine Untertanen – Trilinguae von Behistun.

Im Jahr 1837 machte er sich an den Aufstieg – den persischen Teil der Inschrift erreichte der sportliche Forscher
kletternd, Abdrücke des oberen Teils der Inschrift fertigte er
auf wackligen Leitern an. Doch der skythische Teil der Inschrift lag jenseits einer Kluft, die Rawlinson mithilfe einer
hochkant gestellten Leiter Marke Eigenbau überbrücken
wollte. »Die untere, nicht gesicherte Leiterhälfte trennte
sich von der oberen und stürzte krachend in den Abgrund«,
erinnerte sich Rawlinson später an dieses Abenteuer. »Was
mich betraf, so hing ich am oberen Holm, der noch fest
auflag. Mithilfe meiner Freunde, die den Versuch ängstlich
beobachtet hatten, erreichte ich wieder die persische Nische
und versuchte nicht eher wieder hinüberzukommen, bis
ich einen verhältnismäßig sicheren Steg angefertigt hatte.«
Doch beim babylonischen Teil der Inschriften musste selbst
er passen und dies einem kurdischen Jungen überlassen, der

sich mit Pflöcken und einem Seil geschickt an der Felswand entlanghangelte. 1847 waren alle Abdrücke beieinander, und Rawlinson begann mit ihrer Entzifferung.

Der persische Teil bereitete ihm keine Schwierigkeiten – schließlich bestand die Inschrift zu einem großen Teil aus Eigennamen, und die entnahm er den *Historien* des griechischen Geschichtsschreibers Herodot, die vom Krieg zwischen Griechen und Persern im 5. Jahrhundert v. Chr. und dem Aufstieg Persiens zum Weltreich im 6. Jahrhundert v. Chr. handeln.

Die Übersetzung des persischen Teils der Inschrift sollte nun als Schlüssel für den babylonischen Teil mit der Keil-

---

Tolerante Perser

Die Perser lebten in der wenig wirtlichen Region östlich des Persischen Golfes, bis sie im 6. Jahrhundert v. Chr. ein Weltreich errichteten, das gute 200 Jahre überdauerte. Dabei unterwarfen sie nicht einfach nur innerhalb von 50 Jahren 28 Völker von Zentralasien bis zum Mittelmeer, sie verstanden es auch, diese mit Toleranz zu regieren. So ließen sie die nach Babylon verschleppten Juden wieder ziehen. Nicht nur ihre Schrift, auch ihre Kultur bildete das Verbindungsglied zwischen der alten mesopotamischen Welt und der griechisch-römischen Antike – beispielsweise für Erkenntnisse aus Mathematik, Medizin und Astronomie.

Die persische Wüste wurde mittels eines Systems unterirdischer Kanäle bewässert. Die Hauptstadt Persepolis, die Dareios I. im Jahr 509 v. Chr. auf der Hochebene des Zagrosgebirges im iranischen Kernland erbauen ließ, galt zu Recht als die prächtigste Palaststadt der antiken Welt.

---

schrift dienen. Doch das funktionierte nicht so, wie Rawlinson sich das dachte. 1850 wäre er beinahe verzweifelt. Er konnte die einzelnen Bestandteile der Eigennamen nicht auf die anderen Wörter übertragen. Denn im Gegensatz zur persischen Schrift mit ihren 40 Alphabetzeichen verfügt die babylonische Schrift über rund 500 Schriftzeichen.

Dieses Mal sprang den Assyriologen ein irischer Reverend zur Seite, Edward Hincks. Er erkannte, dass die Zeichen drei verschiedene Bedeutungen haben konnten. Drei auf dem Kopf stehende, pyramidenförmig angeordnete Dreiecke können beispielsweise entweder die Silbe »sat« bedeuten, das Wort »sadu« (Berg) meinen oder das Teilwort für einen Bergnamen bilden. Mit diesen neuen Erkenntnissen gelang Rawlinson und – fast gleichzeitig – auch drei anderen Wissenschaftlern der Durchbruch.

Als sich diese Sprachforscher 1857 in London zu einer Veranstaltung der Königlichen Asiatischen Gesellschaft trafen, fasste dessen Sekretär die Gelegenheit beim Schopf zu einem spektakulären Übersetzungswettbewerb. Die vier Forscher erhielten Umschläge, in denen sich Kopien babylonischer Inschriften befanden. Diese stammten von Inschriften auf assyrischen Tonzylindern, die gerade erst in Mesopotamien geborgen worden waren. Abgesehen von kleinen Abweichungen in den Formulierungen, war der Inhalt der Übersetzungen nahezu identisch – ein eindrucksvoller Beweis für den Fortschritt der Wissenschaft.

Kleine Lehmfunde, große Wirkung: die Erforschung der mesopotamischen Kulturen

Mit dem Erfolg von Rawlinson und seinen Kollegen war eine Tür aufgestoßen worden. Denn nach der Entzifferung der jüngsten der Keilschriften, der babylonischen, ließ sich nun die gesamte mesopotamische Schriftkultur bis in das 4. Jahrtausend v. Chr. entschlüsseln.

Die ältesten Schrifttafeln fanden die Archäologen in Südmesopotamien – sie stammten aus der Zeit 3200 v. Chr., als die ersten großen Städte am Unterlauf des Euphrat entstanden. In rund 3000 Jahren hatten sich viele eigenständige Zweige dieser Bild- und Keilzeichen herausgebildet, doch sie gehören alle zu einem Baum, der sich aus einem Stamm heraus entwickelt hat. Die Forscher lernten auch zu verstehen, wie und warum die Schrift überhaupt entstanden ist – kleine Lehmkügelchen halfen ihnen dabei, die noch älter waren als die ersten Schrifttafeln.

Mesopotamien im 4. Jahrtausend v. Chr. Schon die Verwaltung der ersten Städte war kompliziert, selbst die besten Gedächtniskünstler waren bald überfordert. Wer hat schon seine wöchentliche Getreideration erhalten? Wie viel Abgaben hat die Vasallenstadt Y schon gezahlt? Die Stadtbeamten brauchten dringend Gedächtnisstützen. Anfangs bedienten sie sich aus Ton geformter Kügelchen, um den Ein- und Ausgang der Waren zu zählen: zehn Schafe = zehn Lehmkugeln! Das wurde auf die Dauer zu anstrengend und unübersichtlich. Die Beamten verwendeten schließlich Tontafeln, auf die sie für jeden gezählten Gegenstand einen Strich ritzten.

Nach und nach wurden so für alle Worte Minizeichnungen gefunden:

Das Zeichen für »Kopf« war zunächst die eingeritzte Seitenansicht eines Kopfes, die einem Tischtennisschläger mit Auge ähnelt. Das Zeichen für »Wasser« bildeten zwei parallele Wellen. Die Zeichen »Kopf« und »Wasser« dicht nebeneinander bedeuteten »trinken«. Statt die Striche in den weichen Ton einzuritzen, ging es viel schneller, sie mit

Stiften einzudrücken, die vorn die Form eines Keils hatten – zack, zack, zack.

Aus den anfänglichen Bildzeichen wurden so nach und nach immer schneller zu zeichnende Keilschriftzeichen, die Zählreihen wurden durch Zahlen ersetzt. Zu Beginn wurden diese Zeichen senkrecht von oben rechts nach unten rechts in die kleinen Tafeln geritzt. Doch bei den folgenden Reihen bestand ständig die Gefahr, die ersten Zeichen wieder zu verwischen. Irgendein pfiffiger Schreiber drehte deshalb seine Tafeln um 90 Grad gegen den Uhrzeigersinn. Nun konnte er die Zeichen von oben links nach oben rechts waagerecht einritzen und die nächste Zeile lag darunter. Bald schrieben alle auf diese Weise, und dabei wurden die Zeichen so schematisch, dass keine Bilder mehr zu erkennen waren.

Rund 700 Jahre verwendeten die Sumerer ihre Schrift ausschließlich dafür, Wirtschaftsgüter zu registrieren, Rezepte zu bewahren, wie die Zutatenmischung für Bier, oder einfach Listen zu erstellen, die die Gegenstände und Lebewesen ihrer Umwelt aufzählten. Erst um 2500 v. Chr. begannen sie auch Listen von den wichtigsten Personen ihres Landes zu führen: dem Adel und den mittlerweile herrschenden Königen. Denn aus den ersten lokalen Befehlsgebern hatten sich rasch neue gesellschaftliche Schichten entwickelt: Beamte, Priester sowie Fürsten und Könige mit ihren Adelsfamilien.

Von den ersten Königen, ihren Streitigkeiten mit den Göttern und den anderen Städten handelt auch das älteste niedergeschriebene Epos der Menschheitsgeschichte: *Gilgamesch*. Bekannt wurde diese Heldensage im Westen vor allem durch eine darin enthaltene Randepisode, in der von einer Sintflut berichtet wird, die die Götter zur Bestrafung der Menschheit schickten. Die Menschen in Europa waren fasziniert. Diese kleine Episode offenbarte ihnen, wo künftig nach den Ursprüngen für die Geschichten aus der Bibel zu suchen war – die Entdeckung dieser Passage verdankten sie jedoch nicht einem professionellen Archäologen, sondern einem Außenseiter.

KAPITEL 7

Morgens Beamter, abends Schatzsucher – waren die größten Archäologen Außenseiter?

Außenseiter und Abenteurer auf den Spuren des alten Mesopotamien

Was kann man in seinen zwei Stunden Mittagspause Aufregendes anstellen? Im Zeitalter von Handy, MP3-Player und Schnellrestaurant dürfte das kein Problem sein, doch im 19. Jahrhundert gab es all dies noch lange nicht. Unterhaltung, die Geld kostet, war zu teuer für einen kleinen Angestellten, der gerade einmal so über die Runden kam. So kam es, dass ein gewisser Mr George Smith – ein junger Banknotengraveur und Bewunderer der beiden Erforscher der mesopotamischen Keilschrift, Layard und Rawlinson – seine Mittagspausen damit verbrachte, im British Museum Keilschrifttafeln aus Ninive und anderen assyrischen Orten zu sortieren und zu entziffern. Im British Museum waren archäologische Funde eingelagert und ausgestellt – außerdem suchte man händeringend nach Helfern wie Smith.

Schließlich wurde Henry Rawlinson auf den jungen Mann aufmerksam, der inzwischen ohne Mühe die Keilschrift lesen und verstehen konnte. Rawlinson verschaffte ihm eine Stelle als Helfer in der assyrischen Abteilung.

Schon bald konnte Smith einen Text übersetzen und veröffentlichen, in dem babylonische Astronomen die Sonnenfinsternis des Jahres 763 v. Chr. genau beschrieben hatten. (Die Babylonier glaubten an die Macht der Sterne und unternahmen nichts, ohne vorher ein Horoskop zu erstellen.)

Irgendwann im Jahr 1872 glaubte Smith dann, seinen Augen nicht zu trauen, als er sah, was da auf der halben Tontafel stand, die er aus den Tausenden von Puzzleteilen zusammengesetzt hatte. »Als ich die dritte Spalte überflog, entdeckte ich eine Stelle, an der es heißt: Das Schiff saß auf den Bergen von Nizir fest«, erzählte er später. Smith hatte einen assyrischen Bericht über die Sintflut entdeckt.

Und so kam es, dass der kleine Angestellte Smith einen Vortrag vor der Society of Biblical Archaeology hielt, zu dem sogar der britische Premierminister William Gladstone erschien. Die Besucher erhofften sich neue Bestätigungen über das Alte Testament – und diesen Gefallen tat Smith dem staunenden Publikum: Auf der von ihm entdeckten Keilschrifttafel ist von nichts Geringerem die Rede als der Sintflut, von der auch die Bibel erzählt. Nur heißt Noah hier nicht Noah, sondern Utnapischtim. Er überlebt mit seiner Familie und seinen Tieren an Bord seines Schiffes, das nach der großen Flut auf dem Berg Nizir strandet. Ein Vogel wird ausgeschickt und kommt zurück, weil er keinen Nistplatz findet. Nur ist es keine Taube, sondern ein Rabe. Doch dann bricht der Text ab …

Die Zuhörer waren begeistert von dem Bericht, manch einer fragte: Warum schickt man diesen jungen Mann nicht nach Mesopotamien, um die fehlenden Tafelstücke zu suchen? Auch die große Zeitung *Daily Telegraph* lobte überschwänglich, und die Redaktion hatte eine Idee: Das British

Die Sintflut – nach mesopotamischen Quellen
Lange vor der Bibel erzählte das Epos vom Sumerer-König
Gilgamesch Folgendes über die Sintflut: Als Gott Enlil
erbost über die Menschheit war, beschloss er, alles Leben
durch eine große Flut zu vernichten. Doch Gott Ea warnte
seinen Zögling Utnapischtim. Der erbaute ein Schiff
und rettete damit seine Familie und alle Arten des Tier-
und Pflanzenreiches. Nachdem die Flut wieder zurück-
wich, opferte Utnapischtim allen Göttern. Enlil sah
ein, dass er zu hart gewesen war, und verlieh deshalb
Utnapischtim und dessen Frau Unsterblichkeit.

Museum schickt Smith nach Ninive und die Zeitung über-
nimmt die Kosten der Expedition. Smith wird ständig über
seine lange und schwierige Suche berichten, die Leser werden dem Erscheinen des *Telegraphs* entgegenfiebern, hohe
Auflagen werden über Monate garantiert sein.

So wurde es beschlossen und umgesetzt. Die Sache hatte
nur einen Haken: Smith ließ sich viel Zeit für die Anreise,
die er für zahlreiche Abstecher zu anderen antiken High-
lights nutzte. Und kaum war er in Ninive eingetroffen, war
die Suche auch schon beendet. Keine Spannung, keine Dra-
matik – Smith fand die Tafeln innerhalb von fünf Tagen. Er
hatte nicht etwa übersinnliche Fähigkeiten oder eine raffi-
nierte Methode, ganz im Gegenteil: Er ließ nur einfach die
Gräben und die Schutthaufen, die Layard hinterlassen hatte,
noch einmal absuchen. Für die Zeitung war die Sache ge-
laufen, und Smith wurde auf der Stelle zurückbeordert.
Kleiner Trost: Später beauftragte ihn das British Museum
mit zwei weiteren Expeditionen.

Smith ist das Paradebeispiel für den Außenseiter: ein

einfacher Mann, der nur aus Lust und Leidenschaft die archäologische Forschung zu seinem Hobby wählte. Auf Anhieb fand er das, wonach Berufsarchäologen häufig ihr Leben lang vergeblich suchen. Für Archäologie-Autoren wie den Bestsellerautor C. W. Ceram ist es die durch keine Ausbildung verfälschte Genialität dieser Menschen, die den Erfolg der Außenseiter ausmacht. Bis in die heutige Archäologie-Berichterstattung gilt das, was Ceram in seinem Hauptwerk *Götter, Gräber und Gelehrte* behauptet hat: Außenseiter sind einfallsreicher, wagemutiger und konsequenter als Grabungsleiter mit Professur und festem Monatsgehalt. Aber stimmt das? Am Beispiel der Erforschung Mesopotamiens können wir überprüfen, ob auch die anderen erfolgreichen Ausgräber Außenseiter waren.

Abenteurer, Diplomaten und Kaufleute
Der erste Europäer, der nach dem Untergang des Römischen Reiches den Orient bereiste und über antike Stätten berichtete, war im 16. Jahrhundert der Augsburger Arzt Leonhart Rauwolff. Er bestimmte die genaue Lage von Ninive und dem legendären Babylon.

Nach dem Deutschdänen Carsten Niebuhr, der nach seiner Expedition von 1761 bis 1767 erstmals exakte Kopien von mesopotamischen Inschriften nach Europa mitbrachte, war es der 1787 geborene Engländer Claudius James Rich, der als erster Europäer die Ruinen von Ninive und Nimrud untersuchte und die ersten ausführlichen Aufzeichnungen über die Ruinen von Babylon zu Papier brachte. Rich lernte mit neun Jahren Arabisch, überlebte einen Schiffsuntergang vor Malta und reiste als Orientale verkleidet durch den Nahen Osten. Er wurde Agent der größten Handelsorganisation der damaligen Zeit, der East India Company, und sammelte zudem auf Ruinenstätten Antiquitäten für das British Museum – ein klassischer Außenseiter.

Das gilt auch für Richs französischen Kontrahenten Paul-Emile Botta und dessen Schützling Austen Layard, den beiden mehr oder weniger zufälligen Entdeckern der Keilschrift. Botta war kein Historiker, sondern Arzt und Abenteurer. Als er 1842 französischer Konsul in der nordirakischen Stadt Mossul wurde, hatte er vor allem eine Aufgabe: für den Louvre alle lohnenswerten Antiquitäten aufzukaufen, derer er habhaft werden konnte. Er grub auch selbst in Ninive und einer benachbarten Ruinenstätte. Obwohl der Tigris sich im Frühjahr in einen reißenden Strom verwandelt, ließ Botta Skulpturen und andere exotische Schätze für den Abtransport auf Flöße binden. Er musste vom Ufer aus tatenlos zusehen, wie der Großteil seiner Beute gleich wieder in den Fluten versank.

In Bottas Fußstapfen schließlich trat der Brite Austen Layard. Eigentlich hatte er sich als junger Erwachsener auf den Weg gemacht, um auf einer Kaffeeplantage eines Onkels auf Ceylon zu arbeiten. Doch auf seiner Reise dorthin erkundete er zunächst den Orient und entschied sich, dort zu bleiben. Er lebte einige Jahre von inoffiziellen diplomatischen Missionen, wurde mehrfach ausgeraubt, von schweren Krankheiten heimgesucht und vorübergehend von einem Beduinenclan versklavt, bis er in Mossul den bereits erfolgreichen Botta kennenlernte und Zeichnungen von dessen Funden anfertigte. Ab 1845 grub er für das British Museum in Nimrud, Assur und Babylon mit dem Auftrag, möglichst viele Kunstgegenstände mit möglichst geringem Aufwand zu beschaffen. Layard wurde als einer der ersten Archäologen berühmt, tatsächlich jedoch war er eher ein Beutejäger.

Nur mit riesigem Aufwand ließ sich so große Beute wie ein
»geflügelter Stier« ins Londoner British Museum transportieren.

Zeit für eine Zwischenbilanz: Allesamt waren die in
Mesopotamien tätigen Entdecker und Ausgräber bisher
Außenseiter. Sie waren in der Regel Abenteurer, Diplomaten, Kaufleute und hatten keine kunsthistorische oder
gar archäologische Ausbildung. Das konnte aber auch gar
nicht anders sein, denn es sollte noch bis weit in die zweite
Hälfte des 19. Jahrhunderts dauern, bis die ersten ausgebil-
deten Archäologen mit ihren Grabungsarbeiten beginnen
konnten. Die großen Forschungsinstitutionen waren zwar
schon in der ersten Hälfte des 19. Jahrhunderts eingerich-
tet worden: 1829 wurde das Instituto di Corrispondenza
Archeologica in Rom gegründet, aus dem dann das Deutsche Archäologische Institut hervorging. 1835 wurde das
British Museum eröffnet, 1846 das Französische Kultur-
institut in Athen. Doch Lehrstühle für Archäologie entstanden erst in der zweiten Hälfte des 19. Jahrhunderts an

den Universitäten Europas und Amerikas. Nun konnte man das Fach studieren, und nach den reinen Außenseitern der ersten Generation folgten nun in der zweiten Generation Grabungsleiter, die zumindest eine kunsthistorische oder archäologische Grundausbildung hatten. Unter ihnen gab es aber auch merkwürdige Persönlichkeiten – wie Robert Koldewey.

Ein Kauz als Grabungsgeneral – Robert Koldewey gräbt in Babylon

Wenn man einen Ausgräber zum kauzigen Außenseiter schlechthin stempeln kann, dann Robert Koldewey. Das fängt schon beim Aussehen an: Der hagere Mann mit dem spitzen Gesicht hatte sein Kopfhaar nahezu kahlgeschoren, doch dazu trug er einen wilden Rauschebart, der fast ungepflegt aussah. Bevor er einen Ausgrabungstunnel betrat, vertrieb er mit Gewehrschüssen Hyänen und Eulen. Und er liebte es, leichtgläubige Zeitgenossen zu veräppeln!

Koldewey war eigentlich Architekt, der immerhin Kunstgeschichte und Archäologie als Nebenfächer belegt hatte – ein reiner Außenseiter war er also nicht mehr, typisch für die zweite Generation von Ausgräbern. Er arbeitete zunächst auch als Architekt für die Stadt Hamburg, doch mit 27 Jahren, 1882, erhielt er die Gelegenheit, an einer Grabung in Assos (Kleinasien) teilzunehmen. Von da an hatte es ihn gepackt! Verschiedene Ausgrabungen in Griechenland, Kleinasien sowie im Nahen Osten folgten.

Als er nach seinen ersten Ausgrabungen keine neuen Aufträge bekam, musste er vorübergehend als Lehrer in einer Gewerbeschule arbeiten. Dort vertrieb er sich die Langeweile, indem er Kollegen und Schülern Geschichten erzählte wie diese: »Die babylonische Sonnenglut macht die

Haut platzen, weshalb die Araber stets Nadel und Faden bei sich haben, um die Haut zuzunähen ..., und die Zigaretten braucht man nur gegen den glühenden Sand zu halten, um sie anzuzünden.« Doch dann wurde er erlöst: Die 1898 gegründete Deutsche Orient-Gesellschaft beschloss, als erstes Projekt Babylon systematisch ausgraben zu lassen, und ernannte Koldewey zum Grabungsleiter.

Zu dieser Zeit hatte sich die Erforschung Mesopotamiens bereits vom gebirgigen Norden in den unwegsamen Süden verlagert, das heißt von den jüngeren assyrischen Reichen hin zu den alten Reichen und Stadtstaaten der Babylonier und Sumerer. Obwohl die Paläste und Stufentürme der Babylonier und Sumerer so groß waren wie die Pyramiden in Ägypten, sind ihre Überreste jämmerlich. Das liegt am Material: Im Zweistromland fehlte es an hartem Gestein, dafür gab es tonhaltige Erde im Überfluss. Die Überschwemmungen und Wüstenstürme, Hitze und Kälte haben in rund 5000 Jahren die einst prächtigen Bauwerke in schlichte Lehmhügel zurückverwandelt. Die Ausgrabungen dieser Lehmberge verlangte eine neue Herangehensweise. Mehrmals wurde in der zweiten Hälfte des 19. Jahrhunderts vergeblich versucht, die gewaltigen Erdmassen von Babylon zu bezwingen – die legendäre Stadt, deren frevelhafter Turmbau scheiterte, weil Gott die verschiedenen Sprachen unter die Menschen schickte; so steht es jedenfalls im Alten Testament. Erst als Robert Koldewey kam, änderte sich das.

Endlich pfiffen ihm wieder die Kugeln der Räuber um die Ohren, und er konnte erneut Besucher reinlegen. Als wieder einmal andächtige Europäer die berühmte Grabungsstätte besichtigten, entdeckten sie einen Ziegel, der mit dem Namen Nebukadnezars, des Königs von Babylon, gestempelt war. Koldewey schrie vor Begeisterung über diesen Fund und beschlagnahmte ihn sofort – tatsächlich jedoch wurden damals sämtliche Ziegel mit dem Namen des Bauherren gestempelt, wie heute mit einem Firmenlogo.

Doch ausgerechnet dieser kauzige Koldewey wurde zu einem der ersten Ausgräber, die ihr Projekt generalstabsmäßig angingen. Zu Beginn dieser aufwendigsten Grabung, die je in Vorderasien stattfand, erfassten seine Mitarbeiter die sichtbaren Konturen von Gebäuden und Mauern und entwickelten daraus einen Stadtplan: Der rechteckige Stadtkern war von einer doppelten Lehmziegelmauer mit Graben umgeben. Es war die Stadt Nebukadnezars II. (604 bis 562 v. Chr.), des Herrschers, der Jerusalem zerstören und die Juden nach Babylon deportieren ließ. Nachdem die Babylonier den langen Machtkampf mit Assyrien gegen Ende des 7. Jahrhunderts v. Chr. für sich hatten entscheiden können, ließ er die mehrfach geplünderte und zerstörte Stadt größer und schöner wieder aufbauen, als sie je gewesen war – sie erstreckte sich schließlich weit über den Kern hinaus auf zwölf Quadratkilometer.

Diese riesige Stadt lag nun unter bis zu 20 Meter dicken Sand- und Lehmschichten. Obwohl 200 bis 250 Arbeiter tagtäglich mithilfe einer Feldbahn schufteten, konnte in rund 15 Jahren (1899 bis 1915) nicht alles ausgegraben werden. Die Archäologen hatten die Qual der Wahl und entschieden sich für einen Längsschnitt durch den Stadtkern: von den großen Tortürmen, die einst in das Zentrum der Stadt führten, die Prozessionsstraße entlang bis zu der Stelle, wo sie den Königspalast vermuteten; und natürlich suchten sie auch nach dem einstigen Turm von Babel.

Im Jahr 1902 begann die Freilegung des Ischtar-Tores – geweiht der Göttin der fruchtbaren Erde und des Krieges.

Die Arbeiter bargen Mengen an gut erhaltenen blau glasierten Ziegeln, die abwechselnd mit Stieren und dem Fabelwesen Musch-Chusch verziert waren – dem Symboltier des Stadt- und Reichsgottes Marduk oder Baal. Es waren genug Ziegel, um damit das Tor im Pergamonmuseum in Berlin nachzubauen.

Sechs Jahre, von 1900 bis 1906, dauerte die Freilegung der sogenannten Südburg, des Stadtpalastes Nebukadnezars. Die Gebäude waren um fünf große, aneinandergereihte Innenhöfe gruppiert und boten in der sommerlichen Hitze viel Schatten. Und hier irgendwo lagen auch die legendären »Hängenden Gärten«, eines der sieben Weltwunder. Koldewey glaubte sie in einem Gewölbebau im Nordosten des Palastes gefunden zu haben. Doch wenn das stimmt, wäre der Blick der Herrscher auf die Stadtmauer gefallen. Eher können die Gärten auf dem gewaltigen Vorwerk errichtet worden sein, das damals zur Umlenkung der Flussströmung in den Euphrat erbaut wurde.

Noch enttäuschter waren die Ausgräber, als sie den viel beschworenen Turm von Babylon freilegten: Nachdem sie die leichtere Erde abgetragen hatten, war nichts weiter übrig als ein Haufen ineinander verbackener Lehmziegel – immerhin war der quadratische Grundriss eines der größten Bauwerke der Alten Welt mit 90 mal 90 Metern noch zu erkennen. Hier erhob sich einst der Stufenturm, die sogenannte Zikkurat. Stufe für Stufe schmaler werdend, erreichte sie eine Höhe von ebenfalls 90 Metern – so hoch wie die Freiheitsstatue in New York oder das Tadsch Mahal in Indien. Auf der obersten Stufe war ein Tempel errichtet, damit der Stadtgott Marduk/Baal eine Wohnstätte direkt unter den Menschen hatte.

Insgesamt erbrachte die ganze aufwendige Grabung nur

*Archäologen entlarven eine der ältesten Lügen
der Menschheit*

Durch die Übersetzung sumerischer Tontafeln wissen
wir heute, dass einer der ersten Könige der Geschichte
Naramsin hieß. Er herrschte um 2300 v. Chr. über das
Reich Akkad in Mesopotamien, dem heutigen Irak.

200 Jahre nach seinem Tod ritzten Priester folgende
unschöne Nachricht auf Tontafeln: »Naramsin hat den
Tempel des Gottes Enlil in Nippur zerstören lassen.«
Und: »Zur Strafe haben die Götter die feindlichen Gutäer
geschickt, die Akkad vernichteten.«

Im Jahr 1889 begannen amerikanische Archäologen
systematisch, Nippur freizulegen. Bis 1900 und dann noch
einmal von 1948 bis 1963 legten sie große Teile der Stadt
frei. Das Ergebnis: Sie fanden keinerlei Zerstörungen.
Nippur ist das seltene Beispiel einer bedeutenden Stadt,
die während ihrer rund 5300 Jahre Besiedlung
(4500 v. Chr. bis 800 n. Chr.) kein einziges Mal zerstört
wurde.

Ein weiteres Ergebnis: Naramsin hat den Tempel nicht
zerstört, sondern renovieren lassen. Die Archäologen
fanden haufenweise Keramikscherben mit seinem Namens-
zug. Die Fakten beweisen: Die Priester haben gelogen.
Doch was ihr Motiv dafür war, darüber können auch die
Archäologen nur spekulieren: Wollten sie das Ansehen
des Königs beschmutzen? Oder wollten sie ihren
Mitmenschen mit dieser Geschichte die Gottesfurcht
lehren?

wenige Funde, die sich in Berlin ausstellen ließen. Warum?
Haben die Israeliten, die die Stadt während ihrer Gefan-
genschaft immer wieder verflucht hatten, letztlich doch

Erfolg gehabt? Als Bauern und Dorfbewohner hatten sie das allzu freizügige und verschwenderische Leben in der Stadt als »Sündenbabel« verurteilt – eine bis heute gängige Bezeichnung. Vielleicht war die Stadt aber auch in der Antike bis auf die Mauern gründlich ausgeplündert worden? Wir wissen es nicht genau.

Die alten Griechen bewunderten Babylon und nannten es respektvoll »Mutter aller Städte«. Was jedoch nicht stimmt, denn Babylons Geschichte begann viel später als diejenige vergleichbarer Städte in Südmesopotamien. Während Babylon das erste Mal in Quellen aus dem 3. Jahrtausend v. Chr. erwähnt wird, reichen die Ursprünge von südmesopotamischen Städten wie Uruk, Lagasch und Ur bis ins 4. oder gar 5. Jahrtausend v. Chr. zurück.

Wooley gräbt in Ur: enttäuschende Bauwerke, prächtige Gräber

Die Stadt Ur wird im Alten Testament als die Heimat des jüdischen Stammvaters Abraham genannt, und lange vor dem Turmbau von Babylon wurde hier am Unterlauf des Euphrat der erste Stufenturm errichtet. Er bestand im 19. Jahrhundert aus nicht viel mehr als einer größeren Ansammlung von Lehmhügeln. Im Jahr 1853 war es dem englischen Konsul in Basra, J. G. Taylor, gelungen, ihn anhand von Inschriften – größtenteils auf gebrannten Ziegeln – als Sitz der legendären Stadt Ur zu identifizieren.

Auch im Fall der Ausgrabung von Ur bedurfte es mehrerer Anläufe, bis sich Engländer und Amerikaner zu einer Grabung zusammentaten. Die Leitung wurde dem Briten Charles Leonard Wooley übertragen. Wooley war ein Archäologe der neuen Generation, nach unserer Zählweise der dritten: Er hatte Archäologie in Oxford studiert – zu dieser

Zeit längst ein Studienfach –, als Museumskonservator in Oxford gearbeitet und an zahlreichen Forschungsexpeditionen und Ausgrabungen in Ägypten, Nubien und Syrien teilgenommen.

Von 1922 bis 1934 legte Wooley einen Großteil des ehemaligen Ur frei, nicht nur Heiligtümer und Gräber, sondern auch Wohnsiedlungen. Das befestigte Stadtgebiet selbst hatte die Form eines Ovals und maß der Länge nach 1300 Meter, in seiner Mitte erhob sich einst das Zentralheiligtum.

Die Zikkurat von Ur erreichte mit einer Grundfläche von 62 mal 43 Metern zwar nur ein Drittel der Größe des Turms von Babylon, doch sie war das älteste Vorbild aller späteren mesopotamischen Stufentürme. Über fünf Stufen hob sie sich in die Höhe, von drei Richtungen aus führte jeweils eine Rampentreppe zum Turmvorbau auf der ersten Stufe. So wollten die Einwohner von Ur ihrem Mondgott Nanna und seiner Gemahlin Ningal nahe kommen.

In östlicher Richtung angrenzend, konnte Wooleys Team Fundamentmauern großer Gebäudekomplexe mit Innenhöfen freilegen. Sie waren dem Gott Nanna und seinen obersten Priesterinnen vorbehalten. Daran schloss sich der fast quadratische Palast des Königs Urnammu an, der nach Jahrhunderten der Fremdherrschaft 2064 v. Chr. zum König von Sumer und Akkad aufgestiegen war.

Keine 50 Meter weiter in südöstlicher Richtung lag der königliche Friedhof, auf den Wooley nicht erst 1927, sondern gleich zu Beginn der Ausgrabungen gestoßen war. Und hier zeigt sich, welch ein cooler Profi Wooley war! Er ließ sich und dem Grabungsteam fünf Jahre Zeit, bis er die Königsgräber des frühdynastischen Ur (2600 bis 2300 v. Chr.) freilegen ließ. Nach dieser »Wartezeit« waren alle einge-

Babylon, Uruk und Ur – heute

Zwischen 1978 und 1988 veranlasste Saddam Hussein
(er war seit 1979 irakischer Diktator und wurde 2003 von
den USA und ihren Alliierten gestürzt) 1000 Arbeiter,
einzelne Bereiche von Babylon mit rund 70 Millionen
Backsteinen wieder aufzubauen, besonders den Palast von
Nebukadnezar II. Saddam Hussein sah sich als legitimer
Nachfolger des Königs von Babylon – und wollte ebenso
wie sein vermeintlicher Vorgänger Jerusalem zerstören.
Die Zikkurat von Ur wurde von der irakischen Regierung
ebenfalls zum Teil rekonstruiert. Die ersten beiden Stufen
wurden wieder errichtet und mit gebrannten Ziegeln
ausgekleidet.
Während der beiden Golfkriege jedoch wurde es mehrfach
unter Beschuss genommen und trug einige Granattreffer
davon. Babylon wurde 2003/2004 von den amerikanischen
Soldaten als Militärcamp benutzt – schwere Fahrzeuge
furchten ihre Radspuren durch die antike Stätte. Ohne
Zögern schaufelten die GIs in der Ausgrabungsstätte
herum, um ihre Sandsäcke zu füllen. Währenddessen
blieben viele antike Stätten in dem Nachkriegschaos
unbewacht und wurden von Raubgräbern heimgesucht –
was zurückblieb, gleicht Kraterlandschaften auf dem
Mond. Einzig Uruk entging bisher diesem Schicksal.
Von Anfang an haben dort die deutschen Ausgräber die
Einwohner des benachbarten Dorfes Warka zu ihren
Verbündeten gemacht: Früher war er Grabungshelfer,
heute bewacht der Dorfvorsteher mit einem alten Sturm-
gewehr das Gelände gegen Raubgräber.

Leonard Wooley (Bildmitte, links neben seiner Frau) mit seinem Team vor dem Grabungshaus, zu dessen Bau man überwiegend antike Bauelemente verwendete (siehe die Rundziegel am Dachrand).

arbeitet und sein Team zuverlässig – was nicht zuletzt daran lag, dass er als erster Grabungsleiter für kostbare Funde Prämien vergab. Den Ausgräbern legte sich allerdings ein besonderes Hindernis in den Weg – Wooley gab ihm den Namen: »Großer Totenschacht«.

In den Zugangsrampen zu den Königsgräbern lagen zahlreiche Skelette von Soldaten, Höflingen und Frauen – in einer die von 68 Frauen und sechs Männern. Weil die Archäologen neben allen Leichen Schalen aus Ton, Stein oder Metall fanden, gingen sie davon aus, dass die Betreffenden Gift genommen hatten, um ihrem König oder ihrer Königin ins Jenseits zu folgen. Und dann fand Wooley »sie«!

»An dem einen Ende lag auf den Resten einer Holzbahre die Leiche der Königin, neben ihrer Hand ein goldener Becher. Ihr Oberkörper war gänzlich unter Perlen aus Gold, Silber, Lapislazuli, Karneol, Achat und Chalzedon verborgen«, schrieb er über diesen Moment. »Über dem eingedrückten Schädel lagen die Reste eines Kopfputzes, der ein sorgfältiger gearbeitetes Gegenstück zu dem der Hofdamen war. Als Unterlage diente ihm ein Goldband, das mehrfach um das Haar geschlungen war. Die Abmessungen dieser Windungen zeigen, dass es sich nicht nur um das natürliche Haar, sondern um eine zu fast grotesker Größe aufgepolsterte Perücke gehandelt haben musste.« Wooleys Entdeckung wurde zur Sensation – denn die freigelegten Grabbeigaben machten mit einem Schlage deutlich, wie hoch entwickelt die Kultur der bis dahin weitgehend unbekannten Sumerer gewesen war.

Wooley war bei Weitem kein Außenseiter mehr, sondern ausgebildeter Archäologe. Allerdings war seine Arbeit bei aller Umsichtigkeit doch noch sehr auf die Jagd nach Schätzen fixiert. So wurde in den Folgejahren auch Kritik an seiner Arbeit laut: Die Ausgrabungen wurden zu eilig vorgenommen, so dass es heute schwierig ist, die genaue Lage der Gräber zu bestimmen.

Außenseiter heute

Gibt es heute noch Menschen wie George Smith, unseren findigen Musteraußenseiter, oder abenteuerlustige Ausgräber wie Paul-Emile Botta oder Robert Koldewey? Ja. Doch wenn wir heute von Außenseitern sprechen, müssen wir zwei Gruppen unterscheiden.

Die einen sind vor allem deshalb Außenseiter, weil sie Amateure sind. Die Erforschung der Vergangenheit benötigt Amateure, denn ohne die ehrenamtlichen Helfer und Hobbyarchäologen wäre die Denkmalpflege in der heute betriebenen, intensiven Weise nicht realisierbar. Diese Amateure erhalten eine kurze Ausbildung und arbeiten offiziell für die Denkmalbehörden.

Doch wenn die Medien von »Außenseitern« berichten, dann meinen sie meist die verwegenen Einzelgänger, die auf eigene Faust und meistens ohne Grabungserlaubnis nach Beweisen für die Existenz sagenumwobener Orte suchen, nach Beweisen etwa für Atlantis, für das Grab Alexanders des Großen oder den Heiligen Gral. Dabei setzen sie auf vermeintlich unbezweifelbare Quellen und geheime Botschaften. Sie glauben, die allein gültige Interpretation gefunden zu haben – basta!

Für solche Einzelgänger ist in der Archäologie aber kein Platz mehr. An großen Grabungsprojekten sind bis zu 100 Wissenschaftler unterschiedlichster Disziplinen beteiligt. Die Ergebnisse werden auf Kongressen, Arbeitstagungen und in Fachzeitschriften zur Diskussion gestellt und gründlich geprüft.

Nur in den Medien genießen Außenseiter noch hohes Ansehen: einsame Helden, die gegen die Betonköpfe der Behörden kämpfen – Indiana Jones lässt grüßen. So ein Vorzeige-Einzelgänger ist der Unterwasser-Archäologe Frank Goddio, der im Hafen von Alexandria den Palast der Kleopatra ortete. Doch auch Goddio ist nicht wirklich ein Außenseiter. Auch er ist längst Teil eines großen Unternehmens, das ihm zuarbeitet. Und ganz selbstverständlich arbeitet er mit den Behörden zusammen.

KAPITEL 8

Genialer Ausgräber oder schlitzohriger Schwindler?

Die Wahrheit über Heinrich Schliemann

Kaum jemand bestreitet, dass Heinrich Schliemann der bekannteste Ausgräber aller Zeiten ist – doch ist er auch der bedeutendste?

Die einen sagen: Natürlich! Schließlich hat er nur mit der *Ilias* in der Hand Troia gefunden und das Grab von Agamemnon.

Für die anderen gilt er vor allem als Schwindler und Hochstapler. Er verbreitete Lügen über sein Leben. Und Troia hat nicht er, sondern ein anderer Gelehrter entdeckt.

Wer also war Heinrich Schliemann wirklich? Können wir das heute noch herausfinden?

Gehen wir vom Sichtbaren aus: Es gibt ein Foto des 39-jährigen Schliemann, aufgenommen 1861 in Petersburg. Ein recht kleiner, unscheinbarer Mann posiert vor der Kamera. Er trägt einen auffällig weiten, teuren Mantel mit breitem Wolfspelzkragen, der bis auf den Boden reicht, seine Hände verlieren sich in den langen Ärmeln. Der große Zylinderhut – doppelt so hoch wie sein Kopf – soll seine kleine Statur von 1,56 Meter augenscheinlich in die Höhe strecken. Kleiner Mann – ganz groß!

Kleiner Mann ganz groß – der junge, gerade reich gewordene
Heinrich Schliemann.

Das soll Heinrich Schliemann sein?, wird mancher ausrufen. Der berühmteste Archäologe aller Zeiten? Ja, so sah er aus, der berühmte Archäologe – von kleiner Statur und äußerlich eher unscheinbar. Was ihn aber nicht daran hinderte, zum Inbegriff des Selfmademan des 19. Jahrhunderts zu werden: Aus armen Verhältnissen hat er sich mit eigener Kraft und Klugheit zum reichen Geschäftsmann emporgearbeitet und sich dann ganz der Bildung und Wissenschaft zugewandt. Doch in den letzten Jahren drängt sich immer stärker der Verdacht auf, dass der berühmteste Archäologe zugleich auch einer der größten Aufschneider war.

Von Anfang an hatte Schliemann dafür gesorgt, dass die Welt nur das über Troia wissen und denken sollte, was er bestimmte. Während er seine Grabungen leitete, schrieb er fortlaufend Tagebuch und Zeitungsartikel. Allen anderen Grabungsteilnehmern verbot er dagegen strikt, irgendetwas über die Entdeckungen zu veröffentlichen. Und nicht nur die Wahrheit über Troia beanspruchte er für sich – er wollte auch festlegen, was über sein Leben bekannt wurde. So schrieb er seine eigene Biografie, indem er Unangenehmes wegließ und an anderen Stellen manches ausschmückte. Seine Version der Geschichte lautet zusammengefasst etwa so:

Heinrich Schliemann konnte das sagenumwobene Troia entdecken, weil er bereits seit seiner Kindheit auf dieses Ziel hingearbeitet hat. Er stammte aus armen Verhältnissen und musste vorzeitig die Schule verlassen, um bei einem kleinen Kaufmann in die Lehre zu gehen. Durch Zähigkeit, Sprachgewandtheit und gewagte Kalkulationen erhandelte er sich als Kaufmann in kurzer Zeit ein Vermögen – das er allerdings nur erworben hatte, um später seine kostspieligen archäologischen Unternehmungen finanzieren zu können.

Homer und seine Ilias

Die Zeit zwischen dem 10. und 8. Jahrhundert v. Chr.
werten die Historiker als das »Mittelalter der Antike«:
Die Ägäisbewohner verfügten über keine Schrift und Troia
war nur sporadisch besiedelt.

Doch die ganze Zeit über wurden die Geschichten von
Agamemnon und Odysseus am Lagerfeuer erzählt – jeder,
der einmal »Stille Post« gespielt hat, weiß, wie sehr sich
die Dinge bei jeder mündlichen Weitergabe verändern.
Aus dem mykenischen Kriegerfürsten und Sklavenhalter
Agamemnon wurde ein Held, ein Inbegriff von Männlich-
keit und Ehre.

Es war schließlich ein blinder Dichter, Homer, der die
ganzen »Stille Post«-Geschichten sammelte und in zwei
Epen zusammenfasste. Seit der tatsächlichen Zerstörung
von Troia im 12. Jahrhundert v. Chr. waren bereits
400 Jahre vergangen, als er in der *Ilias* vom listigen
Odysseus, der schönen Helena und dem Zweikampf
zwischen Achill und Hektor berichtete. Der im südlich
von Troia gelegenen Smyrna lebende Dichter berichtete
über die Ereignisse aus der Perspektive der gerade wieder
erstarkenden Griechen. Die *Ilias* – Troia wurde von den
Griechen »Ilion« genannt – diente dabei als Göttersaga,
Heldenepos und Familienchronik zugleich. Neben
dem Unterhaltungswert hatten die immer wieder erzählten
Episoden eine weitere wichtige Funktion: Hunderte von
griechischen Kämpfern und deren Familien wurden in
den sogenannten Schiffskatalogen – das sind lange Listen
der Schiffsbesatzungen – angeführt. Uns langweilt das
heute beim Lesen, die Nachfahren dieser Kriegshelden
jedoch konnten aus diesen Erwähnungen Ansprüche auf
Land und gesellschaftliche Stellungen ableiten.

So wandte er sich auf der Höhe seiner Karriere der Archäologie zu. Mit der *Ilias* in der Hand durchstreifte er im August 1868 die Troas, das Gebiet südlich der Einmündung der Dardanellenmeerenge in die Ägäis. Als er akribisch die Ortsangaben Homers mit den geografischen Gegebenheiten vor Ort verglich, erkannte er: Troia konnte nicht, wie einige Zeitgenossen glaubten, landeinwärts auf dem Festungsberg Pinarabasi liegen, sondern musste sich zwischen den Flüssen Skamander und Simoeis auf dem Hisarlik-Hügel befinden. Unter großen Opfern grub er Troia aus und fand den berühmten »Schatz des Priamos«.

Skrupelloser Emporkömmling
Erst seitdem in jüngster Zeit Schliemanns Leben kritisch erforscht wird, bröckelt diese Legende. Über 60 000 Briefe und ganze Stapel von Tagebüchern hat Schliemann in seinem Leben geschrieben – vieles davon wird erst jetzt gesichtet. Ergänzt durch zeitgenössisches Archivmaterial, tritt eine ganz andere Geschichte zutage: die einer unglücklichen Kindheit, eines ehrgeizigen Aufsteigers, eines skrupellosen Kaufmanns und eines ebenso skrupellosen Archäologen.

Heinrich Schliemann wurde 1822 in der mecklenburgischen Provinz geboren. In den Handelskontoren von Hamburg und Amsterdam arbeitete er sich als junger Mann verbissen empor. Fleiß und Selbstüberschätzung rangen dabei um die Wette. »Sie haben keine Kenntnisse von Menschen und Welt, schwatzen und versprechen viel zu viel, schwärmen immerwährend von Hirngespinsten. Wenn Sie Ihr Ziel erreicht glauben, werden Sie grob und arrogant gegen Freunde. Befleißen Sie sich, ein praktischer Mensch zu werden und bescheidene Manieren zu erwerben«, schrieb sein Arbeitgeber dem damals 25-jährigen Heinrich ins Stammbuch. Den Ratschlag hat sich Schliemann nicht zu Herzen genommen – sonst wäre er nicht dieser reiche Kaufmann und ehrgeizige Archäologe geworden.

Dank seines Sprachtalents wurde Schliemann 1846 nach Sankt Petersburg geschickt. Doch bald kündigte er seinem Arbeitgeber, gründete ein eigenes Kontor und verdiente ein kleines Vermögen. Dann hörte er von einer Möglichkeit, noch schneller Geld zu verdienen. In Kalifornien wurde Gold gefunden, ganz Amerika befand sich im Goldrausch. Mit 30 000 Dollar im Gepäck reiste Schliemann 1850 nach Amerika – er grub allerdings nicht selber, sondern gründete eine Goldgräberbank. Er konnte das Gold weit unter Marktwert ankaufen, weil er die Verkäufer mit Bargeld auszahlte. Anschließend verkaufte er es zu Marktpreisen weiter. In kurzer Zeit verdoppelte sich so sein Vermögen. 1853 brach der Krimkrieg aus – Russland kämpfte gegen die Türken, die von England und Frankreich unterstützt wurden, um die Herrschaft über das Schwarze Meer und die Dardanellenmeerenge. Schliemann unterlief Ein- und Ausfuhrverbote kriegswichtiger Waren und lieferte das Salpeter für die Feuerwaffen an Russland. Skrupel kannte er dabei keine.

Inzwischen war er mehrfacher Millionär geworden, konnte von den Zinsen leben – und sich der eigenen Bildung widmen. Also auf nach Troia, wie er später behauptete? Keineswegs! In Sankt Petersburg löste Schliemann 1864 endgültig sein Geschäft auf und begab sich zunächst einmal auf eine zweijährige Weltreise, die ihn nach Indien, Indonesien, China, Japan und wieder nach Amerika führte – nicht in die Ägäis.

Mit 44 Jahren schrieb sich Schliemann 1866 an der Pariser Universität als Student ein: Sprachen, Philosophie und Ägyptologie – aber keine Archäologie. All das beweist: Schliemann dachte bis zum Jahr 1868 überhaupt nicht daran, Archäologe zu werden. Erst mit 46 Jahren wandte er sich Homer zu. Um die Stätten der Schlachten Achills und Agamemnons gegen Hektor und Aeneas zu besichtigen, brach er 1868 zu einer Bildungsreise in den Ägäisraum auf. Als »gewöhnlichen Touristen«, der einen »pleasure trip« machen wolle, bezeichnete er sich selbst zu Beginn seiner Reise, da ihm die für wissenschaftliche Untersuchungen notwendigen Kenntnisse fehlten. Vier Monate nach seiner Rückkehr jedoch veröffentlichte er sein Reisetagebuch – mit dem anmaßenden Untertitel *Archäologische Forschungen*. Darin behauptete er, eigene Beobachtungen und seine genaue Auslegung von Homers *Ilias* hätten ihn Troia entdecken lassen.

Aber was geschah 1868 wirklich auf der Troas? Wie konnte sich Heinrich Schliemann in nur vier Monaten von einem gewöhnlichen Bildungsreisenden in einen Archäologie-Kundigen verwandeln? Lässt sich die Wahrheit nach so langer Zeit überhaupt noch herausfinden?

Das Tagebuch

Athen im Juli. Mit 42 Grad Celsius ist heute einer der heißesten Tage in der Stadt. Der Asphalt des Platzes vor dem Parlament kocht förmlich. Ich bin auf dem Weg in die Gennadius-Bibliothek, wo sich ein Großteil des schriftlichen Nachlasses von Heinrich Schliemann befindet. Hier in Athen verwirklichte Schliemann seinen Klassiktraum. Er ließ sich ein Haus mit Säulen, Inschriften und Statuen antiker Gestalten bauen. Auf dem Athener Friedhof liegt er in einem pompösen Grab bestattet. Ich hatte der Bibliothek einen Brief geschrieben, dass ich die Schliemann-Tagebücher gern einsehen würde, und heute Morgen habe ich noch einmal telefonisch nachgehakt: »You are welcome.«

Im kleinen Lesesaal ist es angenehm. Ruhig, kühl, langsame Bewegungen – welch ein Kontrast zur Hektik des modernen Athens. Schliemann ist als Vielschreiber bekannt. Deshalb überlegte ich, wie viele Tagebücher er über seine erste Reise in die Welt der Klassik, nach Italien und Griechenland, verfasst haben mochte? Ob meine Eingrenzung »August 1868«, die ich der Bibliothekarin genannt hatte, präzise genug war? Doch sie kommt mit nur einem kleinen gebundenen Kladdenheft zurück. Da der Rücken des Bandes sich aufgelöst hat, wird er in Schaumstoffpolster gebettet. Schon beim ersten Durchblättern wundere ich mich: Die Kladde ist nur bis zur Hälfte vollgeschrieben.

Der Berichtszeitraum reicht vom 5. Mai (Rom) bis zum 30. August (Athen). Fast vier Monate war Schliemann unterwegs, und nur wenige Tage davon in der Umgebung Troias. Kann es stimmen, dass diese Region (Kleinasien) sein »eigentliches« Reiseziel war?

Während seines Aufenthalts in Italien schreibt er auf Italienisch, ganz Bildungsreisender. Er beschreibt die antiken Stätten und Kulturdenkmäler. Aus welchem Gestein die Dinge sind, wo was zu finden ist. Detektivisch genau schildert er sämtliche antiken Gebäude, von wem erbaut, wer hat den Dekor gemalt.

Am 5. Juli, gerade in Galipoli – auf dem westlichen Ufer der Dardanellenmeerenge – gelandet, wechselt Schliemann mitten im Satz vom Italienischen ins Griechische. Was sofort auffällt: Der Italienteil umfasst ungefähr 100 Seiten, der griechische nur knapp 20 – von der einwöchigen Troasfahrt existieren jeweils nur zwei Seiten pro Tag. Leider bin ich hier mit meinen Griechischkenntnissen am Ende.

Aber zwei, die es besser können, haben sich des Tagebuchs angenommen. Die britischen Historiker M. Lehrer und D. Turner übersetzten die Tagebuchseiten Zeile für Zeile und verglichen sie mit den späteren Aussagen Schliemanns. Den größten Teil dieses siebenwöchigen Reiseabschnitts verbringt Schliemann auf Ithaka und der Peloponnes-Halbinsel – also in Griechenland. Nur eine knappe Woche ist der Troas zugedacht – und davon verbringt er die meiste Zeit auf Pinarabasi, lässt dort von einheimischen Arbeitern kleine Probegrabungen vornehmen und begeht immer wieder das Gelände. Vom Hisarlik-Hügel ist die ganze Zeit über nicht die Rede! Mithilfe des Tagebuchs können die für Schliemanns weiteres Leben entscheidenden letzten drei Tage auf der Troas genau rekonstruiert werden:

14. August: Nach einem sechstägigen Aufenthalt auf der Troas will Schliemann nach Istanbul reisen. Er beabsichtigt, die Troas zu verlassen, ohne den Hisarlik-Hügel näher besichtigt zu haben. Wenn er ihn überhaupt gesehen hat, dann am 9. August im Vorbeireiten, ohne dass er dabei an Troia gedacht hätte. Er würdigt diesen unbedeutenden Hügel mit keinem Blick. Doch nun passiert das Entscheidende: Schliemann verpasst sein Schiff und muss zwei Tage warten.

15. August: Zwei Tage in der Hafenstadt Canakkale, quasi gefesselt. Der findige Geschäftsmann Schliemann, der neugierig wie eine Maus überall herumschnuppert, dreht auch in dieser verschlafenen Provinzhauptstadt jeden Stein um, auf der Suche nach etwas Interessantem. Dabei trifft er mit dem britischen Diplomaten Frank Calvert zusammen. Der Hobbyarchäologe und ausgezeichnete Kenner der Troas weist auf Hisarlik hin. Er lädt Schliemann in sein Haus ein, zeigt ihm Karten von der Troas und schwärmt von den Grabungsmöglichkeiten dort. In sein Tagebuch

notiert Schliemann über diese Begegnung: »Er [Calvert] rät mir nachdrücklich, dort zu graben. Er sagt, der ganze Hügel besteht aus Siedlungsschichten. Er zeigte mir seine große Sammlung von Vasen und anderen Funden, die er dort während seiner Grabungen entdeckte.«

16. August: Schliemann reist zunächst nach Istanbul und dann weiter nach Paris. Noch vor drei Tagen war er ein gewöhnlicher Bildungsreisender gewesen. Jetzt aber reift in seinem Kopf eine Idee, und schnell erkennt er die einmalige Chance, von der Welt anerkannt zu werden. Das macht Schliemanns eigentliche Größe aus – als Kaufmann und als Ausgräber: Er erkennt eine Chance, wenn sie sich bietet, und greift sofort zu.

Kaum in Paris angekommen, beginnt er ein Buch über seine Reise und »seine« Entdeckung Troias zu schreiben. Seine Detailkenntnisse entnimmt er fremden Reisebeschreibungen und den Ausführungen Calverts. Denn er nimmt gleichzeitig per Briefwechsel archäologischen Nachhilfeunterricht bei Calvert: »Wann ist es am günstigsten, mit der Arbeit zu beginnen? Bitte senden Sie mir genaue Angaben über sämtliche Gerätschaften und alle notwendigen Dinge, die ich mitnehmen soll … Kann ich genug Arbeiter bekommen? Wie lange wird es dauern, bis ich den künstlichen Hügel abgetragen habe?« Außerdem liest er Unmengen kulturgeschichtlicher und archäologischer Bücher. All das Wissen, das er sich in nur vier Monaten aneignet, fließt in sein Buch *Ithaka, der Peloponnes und Troja. Archäologische Forschungen.*

Dieses Buch zeugt aber nicht nur von Schliemanns Wissen, sondern auch von seiner großen Phantasie, denn einige Szenen sind frei erfunden – wie seine ausführlichen Beschreibungen des Hisarlik-Hügels: »Gegen zehn Uhr morgens kamen wir auf ein weit ausgedehntes hochgelegenes Terrain, welches mit Scherben und Trümmern von bearbeiteten Marmorblöcken bedeckt war. Vier einzeln stehende, zur Hälfte im Boden vergrabene Säulen zeigten die Stelle eines großen Tempels an. Die weite Ausdehnung des mit Trümmern besäten Feldes ließ uns nicht bezweifeln, dass wir auf dem Umkreise einer großen, einst blühenden Stadt standen, und wirklich befanden wir uns auf den Ruinen von Neu-Ilium, jetzt Hisarlik genannt, welches das Wort Palast bedeutet.« Weit schwerer als solche erfundenen Darstellungen wiegt jedoch die Tatsache, dass Heinrich Schliemann seine Archäologie-Karriere mit einer großen Lüge begann. Schließlich kommt der alleinige Verdienst an der Entdeckung Troias Frank Calvert zu.

Der britische Diplomat Frank Calvert wuchs im Osmanischen Reich auf und nahm 1849 mit 21 Jahren an einer ersten Exkursion in die Troas teil. Spätestens 1860 identifizierte er Hisarlik als die Stätte Troias. Er erwarb Grundstücke, führte Probegrabungen durch und veröffentlichte seine Erkenntnisse in kleinen Beiträgen. Aber die Ausgrabungen überforderten seine finanziellen und organisatorischen Fähigkeiten. Diese Aufgabe verlangte einen Mann vom Format Schliemanns.

Trotz seines Tatendrangs und seines Geldes dauerte es drei Jahre, bis Schliemann die Grabungslizenz erhielt. 1871 konnte er endlich mit den regulären Ausgrabungen beginnen (1870 hatte er schon einmal einige Tage illegal gegraben). Parallel zu den Grabungsarbeiten setzte er sich selbstgerecht in Szene, versorgte die europäischen Zeitungen mit seinen Grabungsberichten und drängte Calvert immer mehr in den Hintergrund. Calvert wehrte sich und schrieb einen Artikel, in dem er seine früheren Grabungsergebnisse zusammenfasste und Schliemanns Arbeiten als Fortsetzung seiner eigenen beschrieb. Es kam zum offenen Streit. Außer sich vor Wut geriet Schliemann, als Calvert in einem offenen Brief in der englischen Zeitung *Guardian* 1875 das längst Verdrängte aussprach: »Als ich den Doktor [also Schliemann] im August 1868 zum ersten Mal traf, war ihm der Ort Hisarlik als Platz von Troia neu.« Nun behauptete Schliemann, schon vor seiner Reise in die Troas 1868 Troia lokalisiert zu haben. Der Größenwahn stieg ihm zu Kopf, doch die bewundernde Öffentlichkeit folgte ihm – und vergaß Frank Calvert.

Verdrängte Albträume der Kindheit

Wie kam es, dass Heinrich Schliemann seinen Ruhm mit keinem anderen teilen konnte? Warum hielt er so beharrlich an der von ihm erfundenen Geschichte fest? Um diese Fragen zu beantworten, müssen wir einen kleinen Ausflug in die Psychologie machen. Denn es kommt häufig vor, dass Menschen, die in ihrer Kindheit etwas ganz Schreckliches erlebt haben, dieses im Laufe ihres Lebens verdrängen – das klappt am besten, wenn man die quälende Geschichte durch eine andere, möglichst positive Geschichte ersetzt.

Genau Letzteres hat Heinrich Schliemann getan. Seit er 1873 sein erstes Buch über Troia veröffentlichte, pflegte er allen seinen Publikationen eine Selbstbiografie beizufügen. Die hatte in manchen Teilen nur noch wenig mit der Realität gemeinsam. Doch Schliemann schrieb und erzählte sie so oft, dass er sie vermutlich am Ende sogar selbst glaubte. Schließlich war er davon überzeugt, dass er schon als Kind dem Vater erklärt hatte, er würde einmal Troia ausgraben, und erzählt über sich selbst:

Gern nahm der Vater den Knaben abends nach getaner Arbeit auf den Schoß und erzählte ihm Märchen und Legenden. Besonders gern erzählte er ihm aber auch von den Helden Homers. Von Paris, der die schöne Helena nach Troia entführt hat, von Agamemnon, der daraufhin zusammen mit Achilles, Odysseus und vielen Gefolgsleuten nach Troia segelte und die ummauerte Stadt zehn Jahre lang belagerte. Nach vielen Kämpfen und Zweikämpfen wurde Troia schließlich mit einer List – dem hölzernen Pferd, in dem sich Odysseus mit seinen Freunden versteckte – erobert und zerstört. Schließlich erinnerte sich Schliemann wieder ganz genau: Weihnachten 1829 hatte ihm der Vater *Jerrers Illustrirte Weltgeschichte* geschenkt. Darin war ein Bild vom brennenden Troia. »Und niemand weiß, wo es lag?«, hatte der Sohn den Vater gefragt und, als der nickte, erklärt: »Wenn ich groß bin, finde ich Troia und den Schatz des Königs.«

Im Turbotempo durch den Troianischen Krieg
Zehn Jahre belagerten Odysseus und seine Kampfgefährten Achill, Agamemnon und Ajax das mächtige Troia – warum?
Das ganze Drama beginnt und endet mit Agamemnon, dem König von Mykene, und dessen jüngerem Bruder Menelaos, König von Sparta. Menelaos heiratet die schönste Frau der damaligen Welt: Helena. Doch Helena lässt sich von dem troianischen Prinzen Paris, dem schönsten Mann der damaligen Welt, entführen. Das wiederum verletzt die Ehre des mächtigsten Mannes in Griechenland, Agamemnon. Er ruft zu den Waffen, alle

griechischen Fürsten sammeln sich mit ihren Heeren, und gemeinsam segeln sie nach Troia.
In Troia herrscht König Priamos mit seinen Söhnen Hektor und Paris. Es wird heftig um den Sieg gekämpft – doch keine der beiden Parteien ist eindeutig stärker. So folgen zehn lange Jahre der Belagerung. Im zehnten Jahr zweifeln viele griechische Krieger – darunter auch Achill – am Sinn des Unternehmens. Davon erzählt die *Ilias*. Bei einem Zweikampf tötet Achill Hektor, den ältesten Sohn des Priamos. Doch mithilfe der Götter wird daraufhin auch Achill im Kampf getötet. Um endlich eine Entscheidung herbeizuführen, greifen die Griechen schließlich zu einer List. Sie bauen ein hölzernes Pferd als Opfergabe für Athene, die Schutzgöttin von Troia, und segeln davon. Um das Pferd in die Stadt zu ziehen, müssen die Troianer ihre Stadtmauer aufreißen. Im Inneren des Pferdes lauern jedoch einige Griechen – darunter Odysseus. Gemeinsam mit den zurückgekehrten Kampfgefährten besiegen sie die Troianer und zerstören ihre Stadt.
Als Agamemnon endlich nach Hause zurückkehrt, lassen ihn seine Frau und ihr Liebhaber hinterrücks umbringen. Odysseus dagegen irrt noch viele Jahre mit seinen Gefährten über die Meere, bevor er zurück in seine Heimat, nach Ithaka, findet.

Bis in die kleinsten Details gibt C. W. Ceram in seinem Archäologie-Bestseller *Götter, Gräber und Gelehrte* diese Szene wieder. Und auch die anderen Biografen und Historiker hegten lange Zeit nicht den geringsten Verdacht. Zu beeindruckt waren sie von dem beispiellosen Wandel des Kaufmanns zum Forscher.

Doch was verbirgt sich hinter der Fassade aus Mythen und eitlen Selbstdarstellungen wirklich? Die Geschichte vom kleinen Heinrich und dem liebevollen Vater sollte eine schlimme Wahrheit verdrängen. Obwohl der Vater Pastor war, lebte er ausschweifend: Er war ständig betrunken und trieb sich mit anderen Frauen herum, auch mit der jungen Magd im eigenen Haus. Seine eigene Frau misshandelte er pausenlos. Sie war gerade einmal 36 Jahre alt und hatte neun Kinder geboren, als sie erschöpft und willenlos starb. »Nervenfieber« attestierte der Arzt, doch Heinrich, zu dem Zeitpunkt neun Jahre alt, war sein Leben lang davon überzeugt, der Vater habe die Mutter systematisch in den Tod getrieben.

Die Erniedrigung hätte nicht größer sein können: die geliebte Mutter tot, der Vater ein Trinker und Ehebrecher, dem die Gemeinde das Pastorenamt entzog. Die Kinder wurden von ihren Altersgenossen gemieden, Heinrich musste die Schule abbrechen und bei einem Krämer in die Lehre gehen.

Diese Schande, gepaart mit seiner kleinen, unscheinbaren Statur, erzeugte einen gewaltigen Minderwertigkeitskomplex, der Schliemann sein Leben lang verfolgte. Doch eben dieser Komplex spornte ihn auch an, der Welt zu zeigen, was in ihm steckte. Und um das zu erreichen, war ihm beinahe jedes Mittel recht.

Er hatte ein auffallendes Talent für Sprachen – im Laufe seines Lebens lernte er zahlreiche, darunter Russisch und Griechisch. Doch lernen ist das falsche Wort – er paukte sie sich in nur wenigen Wochen ein wie ein Besessener. So wurde er ein mit allen Wassern gewaschener Geschäftsmann und auch in seinem neuen Metier – der Archäologie – blieb er seinen Methoden treu.

Ungeduldiger Ausgräber mit erkauftem Doktorhut
Ein Doktortitel wäre für einen Ausgräber nicht schlecht, dachte Schliemann nach seiner Ägäisreise von 1868. Also nahm er kurzerhand seinen Reisebericht *Ithaka, der Peloponnes und Troja* und reichte ihn zusammen mit einer üppigen Schenkung als Doktorarbeit an der Universität Rostock ein. Angenommen! Manche sprechen deshalb offen davon, er habe sich den »Doktor« einfach erkauft.

Bereits vor dem ersten Spatenstich in Troia im Herbst 1871 berichtete Schliemann in zahlreichen Zeitschriften von seinen erfolgreichen Grabungen. Doch dann verließ ihn der Mut beinahe schon nach drei Wochen. »Ich glaube jetzt nicht mehr, jemals Troia hier zu finden«, schrieb er in sein Tagebuch. Doch je weniger er an den Erfolg glaubte, desto größeren Übereifer entwickelte er – gegen alle Ratschläge Frank Calverts. Schliemann vermutete, dass Priamos, der König von Troia, die Besiedlung des Ortes veranlasst hatte. Sein Palast musste also ganz unten, auf dem nackten Felsboden errichtet worden sein. Deshalb ließ Schliemann einen gewaltigen Graben (heute »Schliemanngraben« genannt) durch den Hisarlik-Hügel ziehen und alle Spuren nachfolgender Kulturen achtlos an die Seite räumen. Sämtliche Funde in den tieferen Bereichen stellte er in den Zusammenhang mit der *Ilias.* Und obwohl er nur eine kleine schäbige Burganlage fand, erklärte er sie als »Palast des Priamos«.

Als er kurz vor Grabungsschluss 1873 einen Schatz fand, konnte es für ihn nur der »Schatz des Priamos« sein. War es Priamos kurz vor der Zerstörung der Stadt gelungen, kostbare Teile seines Besitzes zu verstecken? Das zumindest glaubte Schliemann, als er im Hohlraum einer Burgmauer kostbaren Schmuck, Gefäße und Prunkwaffen aus Gold,

Leider ohne Detektiv-Gespür ließ Schliemann einen gewaltigen Graben in den Hisarlik-Hügel, das einstige Troia, hineintreiben.

Silber und Edelsteinen entdeckte. Heute werden diese Funde allerdings der frühen Bronzezeit zugeordnet – mehr als 1000 Jahre älter als das von Homer besungene Troia!

Schliemann hatte keine Skrupel, seinen »Schatz des Priamos« an den türkischen Behörden vorbei aus dem Land zu schmuggeln. Dank Schliemanns Propagandafeldzug nennt die ganze Welt bis heute diesen Schatz, der nach dem Zweiten Weltkrieg für fünf Jahrzehnte verschwunden war, bis er 1995 in Moskau wieder auftauchte, fälschlicherweise den »Schatz des Priamos«. Im Jahr des Schatzfundes verkündete Schliemann, es gebe nichts mehr zu erforschen, er habe alles gefunden, was überhaupt zu finden sei – nicht nur darin sollte er sich täuschen.

Schliemann hatte allerdings schon das nächste Objekt seiner Begierde auserwählt: Mykene, die alte Festung aus Zyklopenmauern im Südosten der Peloponnes (s. Kapitel 2). Um die Grabungslizenz zu bekommen, zögerte er nicht, Teile des Troia-Fundes gegenüber der griechischen Regierung als Pfand einzusetzen. Die 1874 begonnenen Grabungen in Mykene verliefen nicht so chaotisch wie in Troia – Schliemann konnte sich auf ein kleines, vielversprechendes Areal auf dem Burgberg konzentrieren. Nach einer Pause im Jahr 1875 stieß er ein Jahr später auf das »Gräberrund A« mit seinen reichen Grabbeigaben.

Wieder triumphierte Schliemann – und wieder irrte er sich kolossal. Dieses Mal wollte er nicht mit Homer, sondern mit Pausanias' Beschreibung (*Reisen in Griechenland*) in der Hand den Gräbern der Helden des Troianischen Krieges auf die Spur kommen. Doch was er fand, war 300 Jahre älter als die Zeit seiner geliebten Helden im 13. Jahrhundert v. Chr. Denn nur der obere Teil der Grabanlage mit seiner Kultanlage gehört zur späten Bronzezeit (der Zeit

Was macht Troia so bedeutend?

Troia steht im Mittelpunkt der beiden Dichtungen *Ilias* (die Griechen nannten Troia »Ilium«) und *Odyssee*. Es sind die ältesten erhaltenen Dichtungen des Abendlandes. Die Geschichten um den Troianischen Krieg und die anschließenden Irrfahrten des Odysseus wurden in folgenden Jahrhunderten immer weiter ausgeschmückt: von griechischen und römischen Dichtern bis zu William Shakespeare. In allen Epochen der europäischen Geschichte blieb das umkämpfte Troia nicht nur als Erzählung lebendig. Der Legende nach soll der Troianer Aeneas mit seinem Gefolge den Untergang Troias überlebt haben und geflohen sein. Deshalb beriefen sich die Römer auf Aeneas als Gründer ihrer Stadt. Auch viele europäische Herrschergeschlechter wie etwa die englische Königsfamilie der Tudor verkündeten: Wir stammen von Aeneas und seinem Gefolge ab. Im 17. und 18. Jahrhundert glaubte man jedoch, Troia sei eine literarische Erfindung und diese Stadt habe es nie gegeben. Im 19. Jahrhundert begannen dann Kulturreisende, mit der *Ilias* in der Hand nach Troia zu suchen – Schliemann war nicht der Erste. Übrigens: Troia-Experten haben international vereinbart, dass »Troia« einheitlich mit »i« und nicht mit »j« geschrieben wird – die deutsche Sprache hatte sich da eine Extrawurst erlaubt.

des Troianischen Krieges). Schliemann hatte wieder unwissend durch diesen Zeithorizont hindurch in die anonyme Vorgeschichte graben lassen.

Doch als er dort Totenmasken freilegte, meinte er, eine davon könne nur die von Agamemnon sein. Sofort telegrafierte er an den griechischen König: »In höchster Freude melde ich Euer Majestät, dass ich die Gräber aufgedeckt habe, welche die von Pausanias vertretene Überlieferung als die Grabstätten von Agamemnon, Kassandra und ihren Gefährten bezeichnete.« Seitdem ist die »Totenmaske des Agamemnon« in aller Welt bekannt – allen Widerrufen zum Trotz.

Schliemann war nun 55 Jahre alt und hatte sich in nicht mal zehn Jahren vom harmlosen Bildungsreisenden zum Ausgräber gemausert, über den jeder spricht. Wie sahen seine Zeitgenossen ihn? Wir lassen einen Augenzeugen aus dieser Zeit sprechen, den britischen Archäologen Flinders Petrie: »Schliemann: Klein, runder Kopf, rundes Gesicht, runder Hut, große runde Glotzaugen, ein ungemein munterer Typ, dogmatisch, aber stets bereit, dazuzulernen.«

Dogmatisch, also starr an seiner Meinung festhaltend, aber bereit dazuzulernen – das heißt wohl auch: Schliemann nimmt nur an, was ihm für seine Zwecke sinnvoll erscheint. Nicht zuletzt wegen dieser anmaßenden Art blieb seine Arbeit in Fachkreisen lange Zeit umstritten, und die Gelehrtenwelt versagte ihm die Anerkennung. Deshalb blieb ihm nichts anderes übrig, als doch noch einmal in Troia zu graben. 1878 begann er mit einer zweiten Kampagne – und dieses Mal machte er es schon etwas besser. An seiner Seite hatte er nun den Arzt und Gelehrten Rudolf Virchow – der riet zu umsichtigem Vorgehen und untersuchte auch das Pflanzen- und Knochenmaterial. Vor allem hielt Schliemann jeden Grabungsschritt schriftlich fest. Diese lückenlose Dokumentation ermöglicht es den Archäologen heute, nachzuvollziehen, wie die Stätte einmal ausgesehen haben muss.

Sein dogmatischer Anspruch jedoch blieb bestehen: Er allein war »Mr Troia«! Entgegen allen berechtigten Ein-

wänden galt für ihn: Ich habe das Troia des Priamos ausgegraben, Punkt und Schluss! Wenige Jahre vor seinem Tod
jedoch ahnte er den großen Irrtum. Bei der letzten Grabung 1882 hatten seine Arbeiter eine Mauer durchstoßen,
die – wie er notierte – »in höchst solider Weise aus großen
lagerhaften Steinplatten ohne Mörtel besteht«. Dieses
monumentale Bauwerk ging ihm nicht mehr aus dem Kopf
(s. Kapitel 9).

Als er es 1890 endlich ausgraben lassen wollte, kam ihm
ein altes Ohrenleiden dazwischen. Im November ließ er
sich in Deutschland operieren, reiste aber gegen den ärzt-
lichen Rat in Richtung Athen ab, wo er mit seiner Familie
Weihnachten feiern wollte. Das Ohr schmerzte wieder,
doch Schliemann achtete nicht darauf. Mitten in Neapel, wo
er einen Zwischenstopp einlegte, brach er zusammen. Da
er keine Papiere bei sich hatte, wollte das Krankenhaus diesen unscheinbaren Mann zuerst nicht aufnehmen. Nur ein
italienischer Arzt, dessen Rezept Schliemann bei sich trug,
konnte ihn identifizieren. Schliemann, aus der Ohnmacht
erwacht, wollte unbedingt wieder zurück ins Hotel. Als er
dort durch das Foyer getragen wurde, erklärte der Besitzer
einem Gast: »Das ist der berühmte Schliemann!«

Heinrich Schliemann starb am 26. Dezember 1890, bevor er seinen letzten Troia-Plan realisieren konnte.

TEIL III

Hightech-Methoden und spektakuläre Funde – die moderne Archäologie

KAPITEL 9

Schichten, Scherben und Baumringscheiben

*Wie die Archäologie die Datierung lernte und
zur strengen Wissenschaft wurde*

Als der Archäologe Ernst Curtius mit seinen Mitarbeitern
1875 in den Südwesten der Peloponnes reiste, bot sich ihnen
folgendes Bild: Felder und Weinberge breiten sich zwischen
dem Fluss Alphaios und dem Kronos-Hügel aus, nur eine
klitzekleine Ruine aus Ziegelsteinen am Fuße des Hügels
gibt einen vorsichtigen Hinweis darauf, dass hier einst die
berühmteste Wettkampfstätte aller Zeiten lag. Alles andere
hatten Überschwemmungen unter einer bis zu fünf Meter
dicken Schlammschicht begraben.

Die Archäologen wollten Olympia ausgraben, doch wo
sollten sie anfangen zu suchen? Zur Orientierung diente
ihnen wie schon den römischen Touristen vor rund 1700
Jahren die Beschreibung des Reiseschriftstellers Pausanias:
Genau im Zentrum der Ebene lag einst der große Zeustempel. Um nicht direkt in den Tempel hineinzustoßen,
gruben die Arbeiter östlich der vermuteten Position mit
Schaufeln ein großes Loch. Und tatsächlich wurden dabei
Fragmente eines Giebels, das Oberteil einer Statue der Sie-
gesgöttin Nike und viele einzelne Gebäudesteine geborgen.

Damit stellte sich ein neues Problem: Die einstigen Bauwerke waren von den vielen Überschwemmungen auseinandergerissen worden wie eine Burg aus Bauklötzen, über die eine Kinderhorde hergefallen ist. Und nun begann echte Detektivarbeit: Aus dem Material und der Lage der Steine mussten Rückschlüsse gewonnen werden, welches Bauelement zu welchem Gebäude gehörte und wie dies einmal zusammengesetzt war. Außerdem war die Frage zu klären, welche Gebäude zeitgleich gestanden hatten und welche erst später auf den Fundamenten und aus den Steinen älterer Gebäude errichtet worden waren.

Die Technik, Ablagerungen von Erdreich, Bauwerken oder auch Abfällen in ihrer zeitlichen Abfolge zu erfassen, nennt sich Stratigraphie (von dem griechischen Wort *stratus*: Ablagerung, Schicht). Lagern sich die unterschiedlichen Sedimente (Bodenschichten) schön übereinander ab, ist die Sache so einfach, als würde eine Torte angeschnitten: Tortenboden, Kirschschicht, Sahneschicht, Decke.

In anderen Wissenschaftszweigen als der klassischen Archäologie hatte dieses Verfahren bereits Fuß gefasst. Für die Geologie hatte der schwedische Forscher Niels Stensen schon 1669 festgestellt: Bei Gesteinsschichten, die im Laufe der Zeit aufgeschichtet wurden, liegt die ältere unten und die jüngere oben. Für die Vorgeschichte hatte im 18. Jahrhundert der Amerikaner Thomas Jefferson (späterer Präsident der USA) die Schichtung eines Grabhügels in Virginia genau erkundet und dokumentiert.

Nur in der klassischen Archäologie war diese Methode bisher noch nicht systematisch angewendet worden, weil es hier komplizierter war. An welcher Stelle wurden die Schichten verschoben, beispielsweise durch ein Erdbeben, Gräben oder Gruben? In Olympia war es der Fluss Alpheios, dessen Überschwemmungen die Torte in einen Brei verwandelt hatten. Nur wenn diese Verwischungen detektivisch rückverfolgt werden, lässt sich die Schichtfolge genau dokumentieren.

Der Meister der Stratigraphie:
Wilhelm Dörpfeld in Olympia und Troia

Die Aufgabe, die unterschiedlichen Schichten in Olympia zu erfassen, hat ein archäologisches Naturtalent übernommen: der junge Architekt Wilhelm Dörpfeld. Anders als Schliemann wurde Dörpfeld nie wirklich berühmt. Dazu gab es zu wenig dramatische Wendungen in seinem Leben. Nur eine kleine, aber umso bedeutendere: Dörpfeld, 1853 in Barmen bei Wuppertal geboren, hatte nach der Schule Architektur studiert und sollte anschließend in die Fabrik des Onkels eintreten. Doch eine seiner Prüfungsaufgaben bestand darin, eine Bauzeichnung der Propyläen (Tor) der Athener Akropolis anzufertigen. Die Aufgabe löste er so exzellent, dass einer der Prüfer ihm eine Stelle in seinem Architekturbüro anbot. Dieses Büro hatte den Auftrag übernommen, die Grabungsberichte und Skizzen aus Olympia in professionelle Zeichnungen zu übertragen. Auch diese Herausforderung meisterte Dörpfeld brillant, woraufhin ihm die Stelle eines Bauleiters in Olympia angeboten wurde.

Dort hatte man inzwischen das Fundament des Zeustempels freigelegt und von hier aus Suchgräben in alle Richtungen angelegt. So stießen die Ausgräber im Norden auf den Heratempel, etwas weiter östlich auf eines der Schatzhäuser, die sich nach Pausanias' Bericht am Fuße des Kronos-Hügels aneinanderreihten. Welche dieser Bauwerke gehörten zum griechischen Olympia? Was war vielleicht noch älter? Was jünger? Beispielsweise die vielen römischen

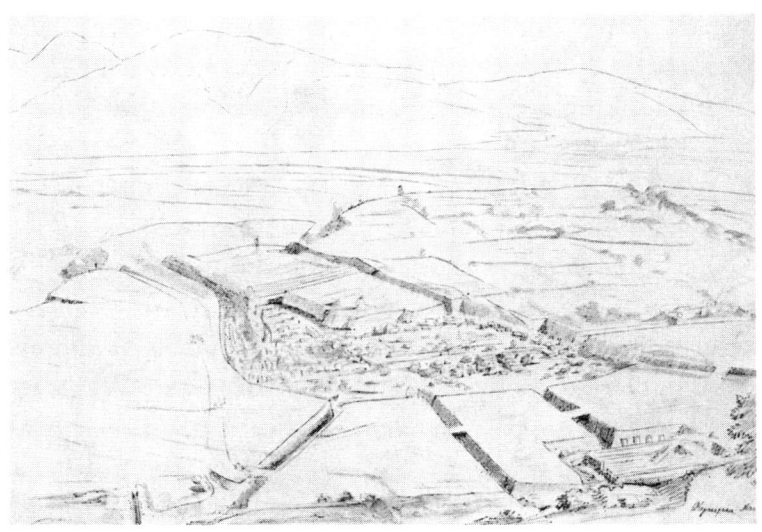

Auch Archäologen müssen suchen – vom zentralen Zeus-Altar
aus haben sie in Olympia Suchgräben in alle Richtungen angelegt.

Erweiterungen, die erst in der Zeit von 150 v. Chr. bis
400 n. Chr. errichtet wurden?

Im Frühjahr 1881 näherten sich die Ausgrabungen ihrem
vorläufigen Ende. Die Archäologen hinterließen keineswegs eine Stätte, die Besuchern Freude bereitet hätte – nach
den ersten Ausgrabungen sah das Gelände aus wie ein Lager
für Naturstein, das unter Granatbeschuss geraten war. Nach
keinem erkennbaren Muster oder Plan lagen hier die Bauteile der ehemaligen Tempel, Schatzhäuser, Gymnasien und
Statuensockel verstreut. Doch die Archäologen hatten aus
der genauen Lage von Statuen und Steinen die wichtigsten
Schlussfolgerungen gezogen: Sie wussten nun, wie die Altis
und ihre Umgebung in der klassischen Zeit bebaut gewesen
war – Dörpfeld hatte alles zusammengefasst und auf eine
Karte übertragen. Seine Aufgabe war damit erledigt. Er
musste zurück nach Deutschland, obwohl er an die Eltern

schrieb: Gern würde ich mein Leben lang in diesem Land bleiben.

Genau zu diesem Zeitpunkt besuchte Heinrich Schliemann Olympia. Er schaute sich alles genau an, und Wilhelm Dörpfeld erläuterte ihm die Grabungsmethoden und Auswertungen. Der schlaue Schliemann erkannte sofort: Genau das fehlte seiner eigenen Grabung – methodisches Vorgehen und jemand, der Ordnung in die ganzen Schichten brachte, die ihn eigentlich nicht so sonderlich interessierten. Bevor er abfuhr, lud er Dörpfeld ein, im kommenden Jahr an den Ausgrabungen in Troia teilzunehmen.

Der Hisarlik-Hügel in Troia sollte die größte Bewährungsprobe für die Stratigraphie werden. Denn die Troianer hatten ihre Häuser mit nicht wiederverwertbaren Lehmziegeln errichtet. Eine aufgegebene Stadt wurde vor dem Neubau eingeebnet. Im Laufe der Jahrhunderte lagerte sich so Schicht auf Schicht, Troia auf Troia, ab – der ganze Hügel bestand aus Siedlungsresten von 20 Meter Dicke. Wie war Schliemann damit umgegangen?

Anfangs hatte er nur den Palast des Priamos finden wollen, den er auf dem Urboden vermutete. Deshalb zog er seinen gewaltigen Graben durch den Hügel und ließ alle Spuren anderer Kulturen achtlos an die Seite räumen. Als Dörpfeld 1882 auf der Troas eintraf, hatte er sofort einen Verdacht: Schliemann hatte am Troia der *Ilias* vorbei in viel frühere Zeiten graben lassen. Deshalb untersuchte er die von Schliemann verachtete 20-Meter-Schicht von Siedlungsresten genau. Er wurde zum »Torten-Detektiv«: Was kommt vorher, was kommt nachher? Wie viele Schichten gibt es? Wo wurde die Abfolge der Schichten durch Erosion verändert?

Schliemann war aber noch immer nicht sonderlich interessiert an solcher Detailarbeit und ließ es bei dieser einen Grabungskampagne bewenden. Stattdessen unternahm er mit Dörpfeld an seiner Seite in den kommenden Jahren Ausgrabungen an der mykenischen Burg von Tiryns und Reisen nach Ägypten. Doch während dieser Zeit wurden Schliemanns Grabungsergebnisse in Troia immer wieder in Zweifel gezogen. Zwei Konferenzen in den Jahren 1889 und 1890 mit internationalen Wissenschaftlern vor Ort brachten nicht den entscheidenden Durchbruch.

Schliemann musste die Ausgrabungen 1890 wieder aufnehmen, starb jedoch überraschend im Dezember dieses Jahres. Dörpfeld führte die Grabungen mit Unterbrechungen bis 1894 weiter. Er hatte inzwischen Zeit zum Nachdenken gehabt: Der Hisarlik-Hügel glich nur in den oberen Schichten einer Torte – weiter unten verhielt er sich wie eine Zwiebel: Dort stülpten sich die neuen Siedlungen wie wachsende Schalen über die älteren.

Das hieß für den Detektiv Dörpfeld, dass erstens die ältesten Siedlungsbereiche wie die kleinsten Zwiebelschalen nur im Inneren zu finden waren und dass zweitens der Burgberg mit seiner letzten Schale seine größte Ausdehnung erreicht hatte. Und richtig: Dörpfeld ließ die solide Mauer freilegen, auf die er mit Schliemann 1882 gestoßen war. Diese gewaltige Verteidigungsmauer umrandete den ganzen Hügel und stammte ohne Zweifel aus der mykenischen Zeit – die Burg, die Homer in seiner Dichtung schildert. Jedes Detail wurde auf Papier aufgezeichnet, Dörpfeld wollte alle Fakten in einer einzigen Karte zusammenfassen. Ein labyrinthisches Werk entstand. Aber wie sollte er die einzelnen Bauschichten datieren? Er besaß nur wenig verlässliche Anknüpfungspunkte: nur die mykenische Bebauung mit der großen Stadtmauer und die jüngste Be-

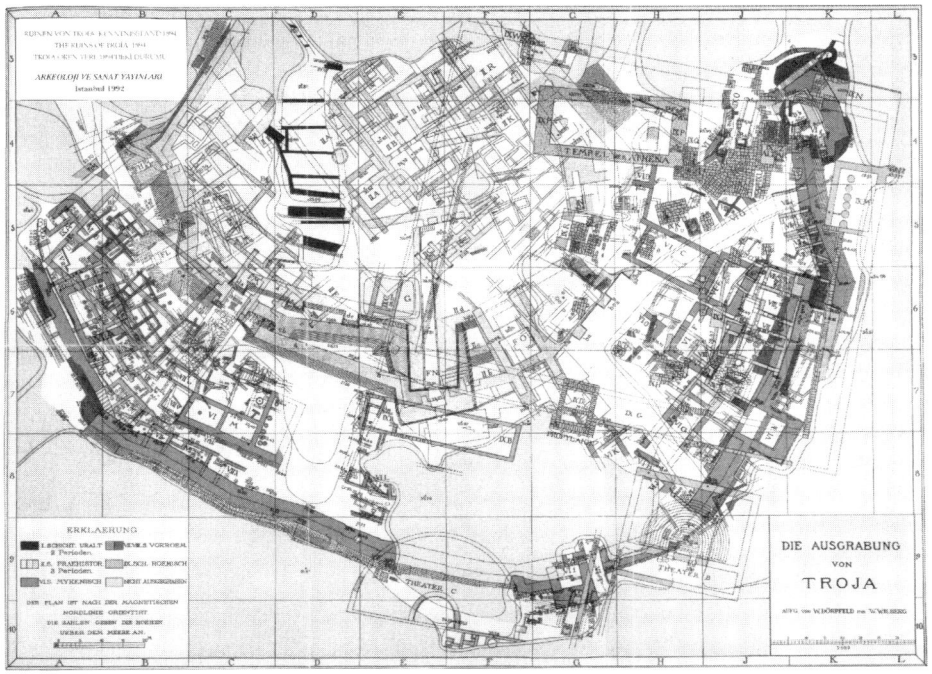

Das Meisterwerk der Stratigraphie – Wilhelm Dörpfelds Karte
von Troia entwirrt das Labyrinth der unterschiedlichen Bauschichten.

bauung aus der römischen Zeit – wie sie von antiken Autoren beschrieben wird. Über und unter diesen beiden Mar-
kierungen musste er die neun Schichten anordnen, die er
entdeckt hatte.

Er fasste sie in fünf Perioden zusammen: Die ersten beiden Schichten nannte er die »Uralten Schichten« (Troia I
und II). Es waren die Gebäudereste, die Schliemann auf
dem Urgrund seines Grabens entdeckt hatte und anfangs
als Palast des Priamos ausgegeben hatte. Dörpfeld war klar,
dass sie nicht nur älter als das Homer'sche Troia waren,
sondern auch deutlich älter als andere Schichten darüber.

Zwischen den Uralt-Schichten und der mykenischen Zeit konnte er noch drei weitere Schichten ausmachen. Er nannte sie die »Praehistorischen Schichten« (Troia III bis V). Nun erst kam die »Mykenische Schicht« (Troia VI). Es folgte die eigentliche griechische Zeit, die Dörpfeld in zwei Phasen unterteilte (Troia VII und VIII). Den Abschluss bildete die römische Bebauung – die römische Schicht (Troia IX).

Wie zukunftsweisend Dörpfelds Arbeit gewesen war, zeigen die neuen Troia-Ausgrabungen: Mithilfe der neuesten naturwissenschaftlichen Verfahren wurden die Schichtfolgen zwar noch weiter untergliedert, doch das Raster von Dörpfeld hat sich bestätigt (s. Kapitel 10). Mit der Entschlüsselung von Troias Schichten hat die Stratigraphie ihren Härtetest bestanden. Von da an war sie aus den Grabungen nicht mehr wegzudenken.

Doch in vielen Regionen stoßen die Archäologen entweder auf keine solcher Schichtfolgen oder sie sind unerreichbar, zum Beispiel in Ägypten: Tempel, Pyramiden und Grabkammern wurden hier nur einmal am selben Ort erbaut – sie stehen nebeneinander, nicht übereinander. Wohnhäuser errichteten die Ägypter zwar immer wieder aufs Neue aus vergänglichem Lehm. Doch die Nutzflächen entlang des Nils sind so begrenzt, dass die meisten antiken Städte bis heute überbaut sind. Über das antike Theben beispielsweise erstreckt sich heute das moderne Luxor. Wie können die Archäologen trotzdem zu einer Chronologie kommen? Der etwas kauzige, aber äußerst gründliche Archäologe Flinders Petrie kam Ende des 19. Jahrhunderts auf eine weitreichende Idee.

Petrie und die Keramiktöpfe

William Matthew Flinders Petrie, der 1853 in der englischen Grafschaft Kent geboren wurde, begann bereits im Teenageralter, die vielen vorgeschichtlichen Erdwälle seiner Heimat zu vermessen und zu skizzieren. Mit seinem Vater, einem genialen, aber armen Erfinder, vermaß er später auch Stonehenge (die berühmte Steinkreis-Anlage aus der Jungsteinzeit in Südengland). Das lief so gut, dass die beiden beschlossen, auch die Pyramiden von Gizeh zu vermessen. Doch der Vater schob die Reise nach Ägypten immer wieder auf – wegen irgendeiner neuen Erfindung, an der er gerade saß. So reiste der Sohn 1880 schließlich allein nach Ägypten.

Dort lebte er äußerst bescheiden – was er sein Lebtag lang beibehielt. Vermessungsinstrumente und eine Strickleiter hatte er sich selbst angefertigt. Als Quartier bezog er in Gizeh ein leeres Grab. Und nun vermaß er in mühseliger Arbeit die Pyramide, Steinreihe für Steinreihe. Das Klettern auf und in der Pyramide war bei der Hitze so anstrengend, dass er meist in Unterwäsche arbeitete. »War sie rosafarben, hielt sie einem die Touristen vom Leib, da ihnen das Geschöpf zu sonderbar vorkam, um es näher in Augenschein zu nehmen«, erzählte er später grinsend.

Doch die Messungen dieses »sonderbaren Geschöpfes« waren so genau, dass sie bis heute als Grundlage dienen. Mit seinen ungewöhnlichen Methoden und Manieren untersuchte Petrie in den nächsten Jahren zahlreiche antike Stätten in Ägypten wie Tell el Amarna, wo mitten in der Wüste die Stadt des Ketzerkönigs Echnaton stand, oder Gräber im Tal der Königinnen bei Luxor. Bis er dann die Gräber auf dem Friedhof des oberägyptischen Tuch, nahe der Stadt Naqada, freilegte. Das Areal war für seine weitläufigen, frühgeschichtlichen Gräberfelder bekannt.

> ### *Erste Keramik kam aus Ostasien*
> Noch immer steht in den meisten Sachbüchern und Lexika:
> Die Keramik stammt aus dem Nahen Osten und wurde
> von sesshaften Bauern erfunden. Funde der letzten
> Jahrzehnte haben das widerlegt: Die ersten Keramiktöpfe
> wurden von halb sesshaften Jägern und Fischern in Japan
> (vor 14 000 Jahren) und am sibirischen Baikalsee
> (vor 12 500 Jahren) genutzt. Doch erst bei den Bauern
> im Nahen Osten wurde die Keramik zur Massenware.

Petrie wollte die Anfänge der ägyptischen Hochkultur erforschen, da über die 1. bis 3. Dynastie bis dahin fast nichts bekannt war. Er stieß jedoch auf ein Problem: In den mehreren 100 Gräbern waren keine Herrscher und ihre Familien, sondern das Volk begraben. Zumeist lagen sie seitlich in Hockstellung, ohne Sarkophage und vor allem ohne schriftliche Hinterlassenschaften. Sechs Jahre lang dokumentierte er Grab für Grab – jeweils auf einem Blatt Papier. Die Beigaben bestanden vor allem aus Keramikgefäßen, von denen in den meisten Fällen nur noch Scherben übrig waren.

Vor diesem Problem stehen Archäologen recht häufig. Von Gräbern und ganzen Siedlungen bleiben nur gebrannte Keramikscherben als unverwüstliche Kulturspuren zurück. Und das gilt für Gräber und Siedlungen seit ungefähr 7000 v. Chr. – zu diesem Zeitpunkt begann der massive Gebrauch gebrannter und fast immer auch verzierter Tongefäße im Nahen Osten. Keramikgefäße waren aus Ton relativ einfach herzustellen, gingen häufig genug zu Bruch, und ihre Scherben waren nicht wiederverwertbar – ideale Voraussetzungen für eine große Produktion und ständige

Detektivische Kleinarbeit nach jeder Grabung: Scherben sortieren.

stilistische Veränderungen: groß und klein, dick und dünn, bemalt und unbemalt. Petrie begann, die Keramik auf ihre Eigenschaften hin zu beschreiben und zu ordnen. Ihr Stil änderte sich im Laufe der Zeit allmählich: Naqada I, Naqada II, Naqada III. Dann zog er auch Keramik anderer Fundorte hinzu. Schließlich hatte er ein System mit neun aufeinanderfolgenden Perioden entwickelt: Es reicht von der Schwarzen Oberrand-Keramik (erste Phase) über die Gekreuzte Linien-Keramik (vierte Phase), die Dekorierte Keramik (siebte Phase) bis zur Späten Keramik (neunte Phase). Letztere weist als Einzige kein typisches Merkmal auf. Neue Funde führten dazu, dass Petries System leicht abgewandelt wurde, aber ansonsten verwenden die Archäologen seine Tabelle noch heute.

Königslisten
Als die zuverlässigste Chronik der alten Geschichte gelten die ägyptischen Königslisten. Jeder Herrscher ließ die lange Folge seiner Vorgänger aufschreiben – für über 3000 Jahre ägyptische Geschichte sind so mehr als 200 Herrscher namentlich genannt.
Der Priester Manethos, der um 300 v. Chr. lebte, unterteilte diese Liste in 31 Dynastien. Doch für die Dynastien bis ins Neue Reich (um 1300 v. Chr.) sind die Datierungen sehr schwammig: Hiernach wurde beispielsweise König Namer irgendwann zwischen 3100 und 2950 v. Chr. zum ersten König der 1. Dynastie. Bei der Schlacht von Kadesch schwanken die Datierungen »nur« noch zwischen 1297 und 1275 v. Chr., also um rund 22 Jahre.

Nicht nur in Ägypten, überall auf der Welt wurden Keramiken zu den wichtigsten und aussagekräftigsten Fundstücken für die Archäologie. Archäologen vergleichen die Entwicklung der Keramikstile gern mit der von Automarken. Wie bei den Kraftfahrzeugen die Karosserien in den 1940er und 1950er Jahren eher ausladend, später zweckmäßig und heute aerodynamisch geformt waren, so kennt die Frühgeschichte ihre Keramikmoden. Jede Epoche hat in Bezug auf Form, Muster und Farben ihre eigenen Vorlieben und Stilrichtungen hervorgebracht.

Allerdings gab es keine Möglichkeit, die Herstellungszeit absolut zu bestimmen. Die Forscher konnten nicht sagen: Der Fund stammt aus dem Jahr 1532 v. Chr. Sie konnten nur sagen: Der Fund ist älter als dieser, gleich alt wie der und jünger als jener. Sie konnten nur auf ein einziges Hilfsmittel zurückgreifen: In Ägypten und Mesopotamien wurden die Abfolgen der Herrscher in langen Listen aufgeführt. Diese Königslisten erlaubten zusammen mit historischen Berichten und Münzen eine ungefähre zeitliche Einordnung. Für Funde früherer Zeiten und anderer Regionen galt: Zusammen hingen sie wie an einem riesigen Mobile in der Luft. Es gab keine wissenschaftlich korrekten Zeitangaben. Doch dann begann das Atomzeitalter.

Eins zu einer Billion

Im Jahr 1945 hatte ein Team internationaler Wissenschaftler in den USA die ersten Atombomben gebaut, die dann in Japan über Hiroshima und Nagasaki abgeworfen wurden und Hunderttausenden den Tod oder lebenslange Krankheiten brachten. Nach dem Ende des Zweiten Weltkrieges begannen immer mehr Wissenschaftler, sich auf einzelne Aspekte der Atomforschung zu spezialisieren. Der amerikanische Chemiker und Geophysiker Willard Frank Libby vom Institut für Kernforschung an der Universität Chicago konzentrierte sich auf die rhythmisch ablaufenden Prozesse, die auf atomarer Ebene zu beobachten waren – mit Archäologie hatte er eigentlich nichts am Hut.

Im Jahr 1946 entwickelte Libby die Atomuhr. Sie stützt sich auf das höchst exakte rhythmische Pulsieren von Cäsium-Atomen und geht in 300 000 Jahren nur eine Sekunde nach. Bei dieser Forschung stießen Libby und sein Team auf ein Phänomen, für das sie 1960 den Chemie-Nobelpreis bekamen: Die C-14- oder Radiokarbon-Methode. Mit ihr lässt sich das Alter von historischen Materialien messen – allerdings nur von organischen.

Organismen bestehen zum großen Teil aus Kohlenstoff, normalem (C-12), aber auch radioaktivem (C-14). In jedem Lebewesen, sei es Mensch, Tier oder Pflanze, tickt also eine atomare Uhr. Diese Uhr tickt, seit es Leben auf der Erde gibt. Denn sie wird angetrieben von der kosmischen Strahlung aus dem Weltall. Die Erdatmosphäre besteht überwiegend aus Stickstoff, Sauerstoff und Kohlenstoff. Dort treffen die kosmischen Teilchen mit Stickstoffatomen zusammen, und dabei springen zwei Elektronen auf ein Kohlenstoffatom über – es entsteht das radioaktive C-14.

Allerdings nicht besonders viel: Auf eine Billion nichtaktiver C-12-Atome kommt ein einziges radioaktives C-14-Atom! Und genau wie der normale Kohlenstoff wird C-14 als im Kohlendioxid enthaltene Verbindung von den Pflanzen eingeatmet und in ihre Zellen eingebaut. Die Pflanzen werden von Tieren und diese wiederum von anderen Tieren und zuletzt vom Menschen verspeist. Nun zerfällt das C-14 im Organismus und setzt radioaktive Strahlung frei. In jedem von uns, in jedem lebenden menschlichen Körper, geschieht das pro Sekunde rund 16 000-mal. Und da wir durch Nahrung und Atmung ständig neues C-14 aufnehmen, bleibt der Anteil an C-14 relativ konstant. Das ändert sich erst mit dem Tod: Der Organismus atmet und isst nicht mehr, also nimmt er auch kein C-14 mehr auf. Libby beschreibt diesen Moment sehr anschaulich:»Die Radiokarbon-Uhr beginnt zu ticken.« Jetzt zerfällt nur noch das C-14, das sich bereits im Körper befindet. Und zwar mit einer Halbwertzeit von etwa 5730 Jahren, das heißt, nach dieser Zeit ist nur noch die Hälfte des C-14 vorhanden. Nach weiteren 5730 Jahren ist es nur noch die Hälfte der Hälfte und so fort …

Nimmt man ein Gramm Kohlenstoff eines gerade abgestorbenen Organismus, kommt es zu rund 16 Strahlungen pro Minute. Ist die Probe 22 000 Jahre alt, tickt es nur noch einmal pro Minute. Nach 40 000 Jahren schließlich wird die Konzentration zu gering, um sie noch zuverlässig bestimmen zu können. Die Methode eignet sich hervorragend für die Archäologie – für Funde bis in die junge und mittlere Steinzeit hinein.

Anfangs waren die Forscher natürlich skeptisch, ob die Messungen wirklich exakt sein werden. Um das zu überprüfen, baten sie die Archäologen um eine Probe, deren Alter ungefähr bekannt war. Die Archäologen entschieden sich für eine Holzprobe aus dem Grab eines ägyptischen Herrschers, dessen Lebensdaten man kannte. Die Atomforscher bekamen die Probe ohne irgendwelche Informationen und maßen den C-14-Gehalt. Ihr Ergebnis deckte sich weitgehend mit der Zeitbestimmung der Archäologen. Bei rund 5000 bis 7000 Jahren entstand eine Ungenauigkeit von etwa zehn Prozent – plus/minus 330 Jahre. Mit dieser Abweichung konnten die Archäologen leben.

Zu den ersten C-14-Datierungen, die nun vorgenommen wurden, gehörte neben Funden aus der ägyptischen Frühgeschichte auch ein Fund aus dem nordirakischen Grenzgebiet zum Iran. Der Archäologe Robert Braidwood (das Vorbild für Indiana Jones) hatte östlich der heutigen Stadt Kerkuk die sieben Meter dicke Siedlungsschicht eines frühgeschichtlichen Dorfes gefunden: Garmo. Zwei Proben wurden gemessen, und heraus kamen zwei Jahresangaben: 4757 v. Chr. und 4743 v. Chr. (jeweils plus/minus 330 Jahre). Lagen hier die Anfänge der menschlichen Landwirtschaft?

Während die Archäologen die C-14-Methode immer mehr schätzen lernten, nahm die Kritik im Lager der Naturwissenschaftler zu. Die Methode, die abgehende Strahlung mit einer Art Geigerzähler zu messen, ist unzuverlässig, weil sie durch die Strahlung der Umgebung manipuliert wird – besonders durch die Atombombenversuche in der zweiten Hälfte des 20. Jahrhunderts. Die für Messungen

Thermolumineszenz-Verfahren.
Thermolumineszenz, kurz TL genannt, heißt einfach »Freisetzung von Lichtenergie«. Im Ton haben sich radioaktive Elemente angelagert. Deren Lichtenergie wird beim Brennen zur Keramik in Form von Elektronen freigesetzt. Nun ist die Keramik zunächst frei von TL-Elektronen, nimmt aber neue kontinuierlich wieder auf. Bei der Altersbestimmung wird der Brennvorgang wiederholt und die freigesetzte Lichtenergie gemessen. Mithilfe der Keramik konnten die ägyptischen Gräber der 1. bis 3. Dynastie zuverlässig auf den Zeitraum 2950 bis 2575 v. Chr. (plus/minus 150 Jahre) datiert werden.

störende Strahlung ist allgegenwärtig – selbst noch im Metall, das für den Bau der Messinstrumente benutzt wird und dadurch die Messungen verunreinigt. (Bei der Produktion von Stahl gelangt durch den Schmelzprozess Sauerstoff aus der Luft in das Material. Dieser Sauerstoff ist von den Atomversuchen und von Tschernobyl dauerhaft verseucht.) Deshalb wurde die Methode, die abgehende Strahlung zu messen, ersetzt. Nun werden die kleinen Proben unter hermetischen Bedingungen verdampft und die dabei freigesetzte Menge an C-14 bestimmt.

Aber nicht nur in der jüngsten Vergangenheit, auch in den Jahrtausenden davor scheint das Verhältnis zwischen natürlichem und radioaktivem Kohlenstoff in der Atmosphäre nicht immer konstant gewesen zu sein. Die Intensität, mit der C-14-Atome in der Atmosphäre gebildet werden, steigt und fällt mit der Intensität kosmischer Strahlung, die durch die Sonnenaktivität ausgelöst wird. Was können die Wissenschaftler gegen all diese Schwankungen tun? Sie versuchen, möglichst viele C-14-Daten heranzuziehen und die Störfaktoren in ihre Rechnungen mit einzubeziehen. Dabei erhielten sie relative, also wahrscheinliche Werte mit plus/minus 140 Jahren Genauigkeit.

Immer öfter werden auch andere Vergleichsmaßstäbe herangezogen, das heißt im Fachjargon: Die Daten werden kalibriert. Häufig wird ein weiterer radioaktiver Zerfallsprozess untersucht, bei der Jungsteinzeit beispielsweise eignet sich zur Altersbestimmung von Keramik das Thermolumineszenz-Verfahren. Noch häufiger und wesentlich einfacher zu handhaben ist jedoch die Datierung mithilfe der Jahresringe alter Bäume.

Eine Baumringchronik von 14 400 Jahren
Die zuverlässigste Methode der Altersbestimmung ist mittlerweile die sogenannte Dendrochronologie, die Chronologie der Baumringe. Ausgangsstoff ist bei diesem Verfahren keine radioaktive Substanz, sondern eine der am häufigsten vorkommenden Verbindungen in der Atmosphäre: Kohlendioxid (CO_2). Wir atmen es aus, die Bäume nehmen es auf. Bäume nehmen den Kohlenstoff aus der Luft auf und sammeln ihn in dem Holz ihrer Stämme. Alle Baumstämme wachsen und bilden dabei Jahr für Jahr gut voneinander unterscheidbare Jahresringe – man sieht sie, wenn man einen Stamm durchsägt. Wie dick die einzelnen Jahresringe werden, hängt davon ab, wie das Wetter ist: Trockene Sommer und strenge Winter ergeben schmale Jahresringe – so lässt sich der extrem heiße Sommer 1976 in sämtlichen Bäumen Süddeutschlands deutlich ablesen. Die Jahresringe verschiedener Baumarten werden im Labor exakt vermessen und in Jahresringkurven dargestellt. Die Kurven von zeitgleich gewachsenen Bäumen zeigen trotz kleiner Unterschiede ein gleiches, unverwechselbares Profil. Die Jahreskurven von Bäumen oder Holzfunden von jung bis alt werden dann übereinandergelegt und nach identischen Anschlüssen abgesucht – so ergibt sich eine endlose Jahresringkurve.

Die längste lückenlose Baumringchronologie der Welt findet sich heute im Botanischen Institut der Universität Hohenheim. Die Chronik der Kiefern reicht von heute zurück bis ins Jahr 12 400 v. Chr. – eine Abfolge von 14 400 Jahren. Als 1990 bei Erkelenz-Kückhoven im Rheinland eine jungsteinzeitliche Siedlung ausgegraben wurde, konnte deren Brunnenschacht aus Eichenbohlen genauestens datiert werden: Der Baum für die drei Meter langen Bohlen war im Herbst/Winter des Jahres 5090 v. Chr. gefällt worden.

Da die schon erwähnten Schwankungen der Sonnenaktivität und des Erdmagnetfeldes sich auch im C-14-Gehalt der jeweiligen Jahresringe niederschlagen, können sie auch in den Kalibrationskurven der C-14-Altersbestimmung dargestellt werden. So fanden die Wissenschaftler heraus, dass die C-14-Aufnahme zwischen 750 und 400 v. Chr. rückläufig war. Das heißt, es wurde kein neues C-14 aufgenommen, sondern das bereits aufgenommene zerfiel. Für die exakte Datierung heißt das: Organisches Material aus der Zeit vor 400 v. Chr. erscheint nach der C-14-Methode jünger, als es wirklich ist. Proben aus der Zeit vor 5000 v. Chr. können wegen der rückläufigen C-14-Aufnahme 1000 und mehr Jahre älter sein, als die C-14-Datierung angibt. So wurden auch die Ergebnisse von Garmo korrigiert: Garmo existierte nicht erst um 4700 v. Chr., sondern schon um 6200 v. Chr. (plus/minus 150 Jahre) und war für rund 300 Jahre besiedelt. Braidwood hatte tatsächlich die Anfänge der menschlichen Landwirtschaft gefunden oder wie die Archäologen sagen: der neolithischen Revolution.

KAPITEL 10

Der Kampf um Troia ist noch lange nicht vorbei!

*Grabungsalltag und Expertenstreit
auf einer archäologischen Großbaustelle*

Gemessen an seiner Bedeutung ist der Hisarlik-Hügel in Sichtweite der Dardanellenmeerenge recht unscheinbar. Abgesehen von der teilweise freigelegten Verteidigungsmauer des Homer'schen Troia hat der Ort nichts Monumentales zu bieten: keine Paläste, keine Säulengänge. Daran konnte auch der amerikanische Archäologe Carl Blegen nichts ändern, der nach Schliemann und Dörpfeld in den 1930er Jahren dort ausgrub. Anschließend war die Grabungsstätte 50 Jahre schutzlos Wind und Wetter ausgesetzt – die türkischen Behörden taten nichts, außer Eintrittsgelder zu kassieren und ein hölzernes Pferd aufzustellen. Gräben und Mauern stürzten in sich zusammen und der ganze Hügel wuchs mit Gras und Büschen zu. Währenddessen wurden zu allen Jubiläumsanlässen die guten alten Schliemann-Geschichten recycelt.

Doch 1988 rückte der Tübinger Archäologe Manfred Korfmann mit seinem Grabungsteam an – und seither kommt Troia nicht mehr aus den Schlagzeilen: »Hatte Homer doch recht?«, »Unterstadt von Troia entdeckt«,

»Troia – eine Vasallenstadt der Hethiter!«, »Wie groß und bedeutend war Troia wirklich?«.

Wie knackt man den bedeutendsten Mythos des Abendlandes? Die Antwort ist wenig aufregend: durch einen völlig unromantischen 14-stündigen Arbeitstag in Sonne und Staub!

August 1990. Aus dem Grabungsdorf (eine Ansammlung von Holzhütten) strömen um 5.30 Uhr mit Anbruch der Dämmerung Archäologen, Architekten, Bauingenieure, Geologen, Historiker und Philologen, aber auch Biologen und ein Illustrator sowie Studenten und türkische Helfer ins Grabungscamp. 1990 sind es 90 Wissenschaftler aus aller Welt und rund 70 Hilfskräfte.

Am Frühstückstisch gähnt mancher frei heraus, viele machen keinen allzu ausgeschlafenen Eindruck. Doch keiner möchte freiwillig zurück ins Bett, alle wollen die neue Grabungskampagne auf dem Hisarlik-Hügel miterleben. Dabei beginnt für die meisten eine mühselige und monotone Arbeit – und das in den drei heißen Sommermonaten (Juni bis August) von morgens bis abends, sechs Tage in der Woche.

Troia ist und bleibt ein Labyrinth ineinander verschachtelter Mauern und Siedlungsreste: Wird eine bestimmte Epoche freigelegt, werden alle darüberliegenden zerstört. Deshalb führen die Archäologen im Wesentlichen nur vorhandene Gräben weiter. Mit Kelle, Schaufel und Gummieimer tragen die Arbeiter unter fachkundiger Anleitung gewaltige Mengen Erde ab. Größere Funde entnehmen sie sogleich, den Rest des Schutts sieben sie sorgfältig durch. Hunderttausende Keramikscherben werden so bei jeder Kampagne freigelegt. Jedes einzelne Stück wird von Mitarbeiterinnen an der Waschstelle gereinigt und anschließend in den »Scherbengarten« gebracht. Dort sind die Archäologin Diane Thumm und ihre Mitarbeiter damit beschäftigt, ihre Größe, Form und Stilrichtung zu bestimmen. Weil Keramik ständigen Modetrends unterworfen war, eignet sie sich bestens als Zeitmesser (s. Kapitel 9).

Andere Funde, die früher einfach beiseite geworfen wurden, erhalten heute eine Extrabehandlung – beispielsweise Holzkohle. Mitarbeiter des Archäobiologen Hans-Peter Uerpmann lösen sie in Wasser auf, sieben sie mehrfach durch und trocknen sie wieder. So finden sie Pflanzenreste und mit etwas Glück auch einige Samen. 180 verschiedene Arten von Pflanzen haben die Archäobiologen so schon erfasst – die Troianer bauten die Weizensorten Emmer und Gerste, aber auch Saubohnen, Linsen und Erbsen an.

Einen Tisch weiter hält die Anthropologin Henrike Kiesewetter einen menschlichen Schädel aus dem 6. Jahrtausend v. Chr. in der Hand. Es handelt sich um einen Fund aus dem nahegelegenen Siedlungs- und Bestattungsplatz »Kumtepe«, den sie auf Herkunft und mögliche Krankheiten hin untersucht. Die meisten der mittlerweile rund eine Million zutage geförderten Knochenfunde stammen jedoch von Tieren, die die Troianer verzehrt haben. »Wurden die Knochen zerstampft, um an das Mark zu kommen, ist dies ein Hinweis auf eine weniger gute Ernährungslage«, erläutert die Biologin Birgit Deckert. »In üppigen Zeiten dagegen wurden gleich ganze Tierbeine weggeworfen.«

Stein für Stein erfassen Architekten und Bauzeichner die freigelegten Mauerreste. Von ihnen wird wahre Detektivarbeit gefordert: In der Verlängerung des sogenannten Schliemanngrabens etwa liegen Siedlungsschichten aus Troia II, III, IV und V zum Teil übereinander, zum Teil sind sie aber auch ineinander verschoben. Alle Daten lan-

Troia I

Da sich jede Stadt wie ein aufquellender Hefeteig über die nächste ausbreitete, finden sich die Spuren von Troia I (3000 bis 2500 v. Chr.) nur in der Mitte der Ruine – vor allem im »Schliemanngraben«.

Um 3000 v. Chr. ließ sich eine menschliche Gemeinschaft auf dem Hisarlik-Hügel nieder. In Sichtweite des Meeres, um Fischfang zu betreiben, aber nicht zu nahe am Ufer, damit sie nicht plötzlich von Piraten überfallen wurde. Außerdem hielten diese ersten Troianer kleine Herden von Haustieren und legten Felder rund um ihre Siedlung an. Direkt auf dem Felsboden errichteten sie eine dorfähnliche Anlage, um die sie eine Befestigungsmauer zogen. In den bis zu vier Meter dicken Siedlungsschichten von Troia I können die Archäologen zehn Bauphasen unterscheiden.

den schließlich im PC der amerikanischen Architektin Elizabeth Riorden. Ihre Computersimulation des Troia-Geländes umfasst 50 000 Messpunkte. Jede Stelle kann vergrößert oder auf eine der neun Epochen hin abgefragt werden.

Die Schichten des Schuttberges hatte schon Dörpfeld in neun Hauptperioden untergliedert – diese wurden in den Jahren nach 1990 von den Archäologen weiter in 46 einzelne Bauphasen unterteilt und datiert. Angefangen mit der untersten, Troia I, das ungefähr in der Zeit von 3000 bis 2500 v. Chr. gestanden haben muss, werden die Perioden bis zu Troia IX durchgezählt. Allerdings sind damit die häufigsten Fragen, die immer wieder gestellt werden, noch nicht beantwortet: Wie groß war das Troia, das Homer geschildert hatte, eigentlich? Und gab es den Troianischen Krieg wirklich?

Findet die Unter-Unterstadt!

Nach der homerischen Überlieferung wurde Hektor, der Sohn des Priamos, von Achilles dreimal um die Stadtmauer Troias gehetzt, bevor er vor den Augen der entsetzten Zuschauer regelrecht abgeschlachtet wurde. Schliemann kannte von Troia nur den Burgberg – demnach wäre der Todeslauf zwischen Hektor und Achill nur knapp einen Kilometer lang gewesen. Eine Enttäuschung für Schliemann: Priamos' Stadt war zwar gefunden, schrumpfte in seiner Bedeutung aber zu einem kleinen Seeräubernest. Es sei denn, die Burg hatte eine Unterstadt ...

Doch wie sollte man die finden? Denn direkt unter der Erdoberfläche lag die römische Unterstadt (Troia IX), die den Zugang verstellte. Wenn man doch tief in den Boden hineinsehen könnte, ohne gleich graben zu müssen. Diese scheinbar unmögliche Aufgabe wurde dem Physiker Hans Günter Jansen übertragen. Seit einigen Jahren laufen nun Jansen und sein Kollege jeden Sommer tagaus, tagein mit einem merkwürdigen Detektor in den Händen durch die Baumwollfelder und Olivenhaine im Umkreis der Troia-Ruinen: hin und her, ein Stück weiter, wieder hin und her. Das Gerät, das sie mitführen, ist ein Magnetometer, und Troia war eine der ersten Ausgrabungen, bei der dieses Gerät systematisch eingesetzt wurde. Störungen im Magnetfeld des Bodens weisen auf menschliche Spuren hin – Keramikscherben, aber auch verbrannte Lehmziegel sind stärker magnetisch als die sie umgebende Erde.

Ohne einen Spatenstich können die Wissenschaftler mit dieser Methode im tieferen Untergrund Materialien aufspüren, die von Menschen bearbeitet wurden. So entdeckten sie eine »Unter-Unterstadt«: Noch unter den Trümmern der römischen Bauwerke orteten sie in 1,50 bis zwei

Das einzig Monumentale auf dem Hisarlik-Hügel: die Stadtmauer
von Troia VI.

Meter Tiefe weitere Siedlungsreste. Das konnte nur die
befestigte Unterstadt zum Homer'schen Troia sein. »Mit
einer Ausdehnung von 180 000 Quadratmetern, fünfmal so
groß wie der eigentliche Grabungshügel, wird Troia zur
größten Stadt dieser Epoche in der Ägäis«, erläutert Jansen.
Die homerischen Helden Paris, Agamemnon und Odysseus
sind zwar mit Sicherheit nur literarische Gestalten, doch die
historische Landschaft, vor der Homer seine Figuren auftreten lässt, hat er sehr genau beschrieben – einschließlich
der Größe der Stadt. Nun mussten die Archäologen nur
noch beweisen, dass sich das Magnetometer nicht irrte, dass
sich dort unten tatsächlich die befestigte Unterstadt befand.

Im Sommer 1997 konnten die Archäologen in einem
Olivenhain südwestlich der Troia-Ruine einen Teil der Un-
terstadtgrenze freilegen. Die Troianer hatten einen Graben
direkt in den Fels geschlagen: drei Meter breit und 1,50 Meter tief. Das war bloß ein Abwasserkanal, behaupten man-

che Kritiker. Doch Korfmann entgegnet: Die Ausschachtung wurde in ihrem gesamten Verlauf nicht auf gleichem Niveau mit geringem Gefälle gehalten, sondern folgt den Höhenschwankungen des Hügels – mal rauf, mal runter. »Weiter westlich«, erklärt Korfmann, »wird der Graben für eine Durchfahrt unterbrochen.« Wasser konnte hier nicht abgeleitet werden.

Alles spricht dafür, dass es sich um eine Stolperfalle für Streitwagen, die »Superwaffe« des 2. Jahrtausends v. Chr.,

---

Troia II

Von Troia II (2500 bis 2300 v. Chr.) konnte schon Schliemann im Hügelinneren Teile der Befestigungsmauer mit ihrem Südwesttor und einer imposanten Steinrampe freilegen lassen. In der Mauer gleich neben der Rampe stieß Schliemann auf seinen Goldfund, den er sofort als »Schatz des Priamos« titulierte (s. Kapitel 8). Korfmanns Team fand innerhalb der damaligen Burganlage eines der großen, repräsentativen Langhäuser mit Altar und Vorhalle.

Auch außerhalb der Burg fanden die Archäologen Troia-II-Häuser – Burgberg und Untersiedlung zeigen in ihrem Baustil nun eindeutig orientalischen Einfluss. Mitte des 3. Jahrtausends v. Chr. weiteten die Sumerer ihr Reich bis nach Kleinasien aus. Troia war vermutlich eine ihrer Grenzstationen, von denen aus sie Handel mit Europa und der Schwarzmeerregion trieben. Zur gleichen Zeit entwickelten sich – wie Funde aus dieser Epoche dokumentieren – weitverzweigte Handelskontakte: zum Vorderen Orient (Töpferscheibe), nach Osteuropa (Steinaxt), ins Baltikum (Bernstein) und in den Kaukasus (Gold).

handelte: Die Ausschachtungen sind nicht besonders tief, damit sie Angreifern keine Deckung boten. Außerdem ist der Graben zur Stadt hin abgeflacht, damit die Troianer aus ihren Verteidigungsstellungen heraus mit Pfeilen hineinschießen konnten. Homer beschreibt im Zwölften Gesang der *Ilias* den Graben sehr genau, ordnet ihn jedoch nicht der Verteidigungsanlage Troias, sondern dem umwehrten Lager der angreifenden Griechen zu:

»Und Hektor trieb die Gefährten,
den Graben zu durchschreiten.
Und die Pferde wagten es nicht, die schnellfüßigen,
sondern standen laut wiehernd am äußersten Rand,
denn der Graben schreckte sie ab.
Nicht leicht war er aus der Nähe zu überspringen
noch zu durchqueren,
denn er war mit Pfählen und Spitzen gefügt.«

Ausgehend von dem Verteidigungsgraben, haben die Archäologen in diesem Abschnitt die Wehranlagen des spätbronzezeitlichen Troia Schritt für Schritt entdeckt. Wenige Meter hinter dem Graben stießen sie auf eine 40 Zentimeter breite und 70 Zentimeter tiefe, in den Fels geschlagene Rille: das Fundament des hölzernen Schutzwalles. Die eigentliche Stadtmauer muss sich dahinter befunden haben. Da sie aber aus sich zersetzenden Lehmziegeln bestand, hinterließ sie nach drei Jahrtausenden kaum Spuren.

Wer waren die Troianer?
Eine Burg mit befestigter Unterstadt, die um 1250 v. Chr. zerstört wurde – mehr Belege für einen Troianischen Krieg können Ausgrabungen nicht liefern. Die Leit-Frage für die

> *Troia III bis V*
>
> Von den drei Phasen Troia III bis V (2300 bis 1700 v. Chr.) sind nur wenige Baureste bekannt. Immerhin aber lässt sich aus diesen Fundamenten ablesen: Die Wohnhäuser wurden von den Bewohnern dicht an dicht gebaut, trotzdem vergrößerte sich die Siedlung immer weiter, zum Teil weit über den Hisarlik-Hügel hinaus. Deshalb musste auch die umgrenzende Wallanlage mehrmals neu errichtet werden – Spuren von Häusern und Wällen fanden sich unterhalb des Hügels.

Forschung ist deshalb nicht mehr: Gab es den Troianischen Krieg wirklich?, sondern: Wer waren die Troianer, welchem Kulturkreis gehörten sie an?»Zur Anlage der Stadt mit Burgberg und Untersiedlung gibt es nichts Vergleichbares im mykenischen Griechenland. Hier zeigt sich eindeutig orientalischer Einfluss«, erklärt Korfmann und zählt weitere wichtige Hinweise auf, die gegen eine Anbindung an die beherrschende griechische Kultur im Ägäisraum sprechen: Eine 1993 geborgene Bronzefigur stellt eine Gottheit aus dem syrisch-anatolischen Kulturkreis dar.

Als endgültige Bestätigung dieser Argumentation gilt ein nur drei Zentimeter großes Siegel aus Bronze, das der Engländer Donald Easton in einem Gebäude auf dem Burgberg 1995 fand. Es wurde von Experten eingehend untersucht: die ersten Schriftzeichen, die aus dem 2. Jahrtausend v. Chr. überhaupt in Troia gefunden wurden. Das Siegel trägt aber nicht, wie viele erwarteten, griechische Linear-B-Zeichen, sondern hethitische Hieroglyphen. Sie wurden benutzt, um »Luwisch« zu schreiben, eine Sprache, die weit über die Hethiterzeit hinaus in Anatolien verbreitet war.

Auf der einen Seite ist der Name einer Frau, auf der anderen Seite der Name ihres Ehemannes eingraviert, sein Beruf wird als Schreiber angegeben. Und das – so ergab die Datierung – um 1120 v. Chr., als die Menschen hier angeblich über keine Schriftkulturen mehr verfügten. »In Troia wurde somit nicht nur Hieroglyphen-Luwisch gesiegelt«, schlussfolgert Korfmann, »in Troia wurde auch professionell geschrieben, wahrscheinlich von einem Luwier, wahrscheinlich in Luwisch!«

Aus diesen Hinweisen zieht Korfmann eine weitreichende Schlussfolgerung: »Troia hat mit großer Wahrscheinlichkeit zum anatolisch-hethitischen Kulturkreis gehört.« In den folgenden Jahren stimmten immer mehr Hethiter-Forscher und Homer-Experten zu: Das spätbronzezeitliche Troia – die Stadt, deren Untergang Homer beschreibt – ist identisch mit der hethitischen Stadt »Wilusa«. Nicht zuletzt auch deshalb, weil in hethitischen Urkunden des 12. Jahrhunderts v. Chr. von »Alaksandus«, dem Herrscher von »Wilusa«, die Rede ist. Aus »Alaksandus« könnte im Griechischen dann »Alexandros« geworden sein. Bei Homer wurde Alexandros meistens Paris genannt und war der Sohn des troianischen Königs Priamos. Und »Wilusa« wurde dann zu »Ilios«, so wurde Troia von den Griechen bezeichnet.

Wer waren die Hethiter?
Bei den Hethitern handelte es sich – so der Stand der Forschung – um einen indogermanischen Volksstamm, den es im 3. Jahrtausend v. Chr. von der Schwarzmeerregion ins zentralanatolische Hochland verschlug. Die Hethiter verdrängten die alteingesessenen Hatti, übernahmen deren

Namen und einen Teil des Wortschatzes. Die Keilschrift lernten sie von den Assyrern, wandelten sie ab und schufen etwas Neues: die Geschichtsschreibung.

Das Hethiter-Reich expandierte: Mit dem Streitwagen eroberten sie ein Gebiet, das in der Blütezeit von Smyrna, dem heutigen Izmir an der türkischen Ägäisküste, bis zum Euphrat in Syrien reichte. Dabei verleibten sie sich auch die in den besetzten Gebieten verehrten Götter ein: In der Hauptstadt Hattusa wurden die fremden Götterstatuen und -bilder gesammelt – sie sollten die Macht des Herrschers mehren. Trotzdem ging das Hethiter-Reich um 1200 v. Chr. unter – die Ursachen dafür sind bis heute nicht geklärt. Nach 3000 Jahren wurde Ende des 19. Jahrhunderts ihre Kultur wiederentdeckt.

Der Aufstieg von Troia VI oder »Wilusa« im 17. Jahrhundert v. Chr. fiel mit einem einschneidenden Ereignis im Hethiter-Reich zusammen. Die Hethiter verloren zu dieser Zeit ihren Landweg zum Kaukasus. Um auf dem Seeweg an die begehrten Metalle dieser Region zu kommen, schufen sie ein Bündnissystem mit den Küstenländern der Ägäis. So gedieh Troia als Handelsposten und Vasallenstadt der Hethiter mehrere Jahrhunderte hindurch, bevor es um 1250 v. Chr. zusammen mit der mykenischen Welt und dem Hethiter-Reich aus bis heute nicht geklärten Gründen unterging.

Aber warum wurde die Stadt regelmäßig zerstört und danach immer wieder neu aufgebaut? Das liegt an der einmaligen Lage der Stadt an der Ausfahrt der Dardanellenmeerenge. Troias Ruinen liegen zwar in Sichtweite der Meerenge, doch um seinen Besuchern die Bedeutung dieses

Standortes vor Augen zu führen, muss Korfmann sie auf eine kleine Expedition mitnehmen. Die Straße endet im Dorf Kumkale, und von dort hoppelt der Geländewagen noch eine halbe Stunde über Feldwege mit lauter Schlaglöchern. »Wir befinden uns am westlichsten Punkt Asiens«, stellt der Grabungsleiter lapidar fest und besteigt den Intepe, einen künstlich aufgeschütteten Grabhügel. Ein herrlicher Blick eröffnet sich: So weit die Sicht reicht, erstrecken sich verwaiste Sandstrände – inzwischen auch in der Türkei eine Seltenheit. Das Meer funkelt wie Tausende von Spiegelscherben in der Sonne und der Wind pfeift den Besuchern um die Ohren. Nur das Motorentuckern eines Fischerbootes schallt über das Wasser. Das kleine Boot will in die Meerenge einlaufen und kämpft gegen die starke Strömung und den Wind. Dabei kommt es kaum von der Stelle.

»Gegenwind und starke Strömung machten die Dardanelleneinfahrt zu einem der schwierigsten Probleme der antiken Seefahrt«, betont Korfmann. Antike Segelschiffe hatten hier auf dem Weg zum Schwarzen Meer bei Gegenwind keine Chance. Sie mussten ankern und auf die wenigen Tage mit günstigem Wind warten. Doch oberhalb des einzigen geschützten Liegeplatzes an der Einfahrt der Meerenge hatte sich eine kleine Trutzburg positioniert – Troia. Die Wartenden hatten sicher einen Tribut an ihre Bewohner zu entrichten. Und bei ihrer Heimkehr erzählten sie von diesen unverschämten Zöllnern, die nichts taten, außer die Hand aufzuhalten, und dadurch reich wurden. Troia weckte Neid, wurde angegriffen und zerstört – nicht nur einmal!

Alle Troias waren befestigt, alle gingen trotzdem unter. »Es hat mit Sicherheit nicht nur einen, sondern viele Troianische Kriege gegeben«, bekräftigt Korfmann. Er will weg

Troia VI bis VII

Den größten zusammenhängenden Baukomplex aus der Zeit von Troia VI (1700 bis 1250 v. Chr.) – dem von Homer beschriebenen Troia – bildet die Festungsmauer, die wie ein Ring die Grabungsstätte umschließt und dem Besucher beim Eintritt noch am ehesten einen anschaulichen Eindruck von der berühmten Stätte vermittelt. Damals wurde die bisherige Festungsanlage verkleinert und eine weitläufige Unterstadt angelegt. Das strategisch wichtige Troia ist vermutlich die hethitische Vasallenstadt »Wilusa«, die von den Griechen »Ilion« genannt wurde. Das Bündnis Troias mit den Hethitern wollten die Griechen auf Dauer nicht akzeptieren – von der entscheidenden Vernichtungsschlacht erzählen die *Ilias* und Teile der *Odyssee*. Die Archäologen fanden auch Spuren von Zerstörungen aus dieser Zeit, die den Troianischen Krieg bestätigen.

Von Troia VII (1250 bis 1000 v. Chr.) gibt es nur wenig Funde in den dicken Lehmschichten am südlichen Ende des Schliemanngrabens. Knochenfunde von Wildverzehr lassen jedoch auf karge Lebensverhältnisse in dieser Epoche schließen.

von den festgefahrenen Priamos-Schliemann-Mythen. Die Grabungskampagne soll sich nicht darin erschöpfen, allein die Geheimnisse um das Homer'sche Troia zu enträtseln. Dessen Kultur (Troia VI) macht schließlich nur einen kleinen Teil der Geschichte aus. Korfmann möchte deshalb den Blick auf Troia erweitern: An diesem besonderen Standort berühren sich Orient und Okzident, Morgenland und Abendland. Die Grabungen sollen die Verbindungen zwischen den verschiedenen Kulturen im Laufe der Jahrtausende ergründen.

Der Archäologe Manfred Korfmann, genannt: Osman Bey
Felder und sanfte Hügel, eingefasst vom tiefen Blau des
Meeres: Die Troas gleicht, oberflächlich betrachtet, einer
Postkartenidylle. Archäologe Korfmann sieht dagegen über-
all Spuren menschlicher Geschichte und Zerstörung. Hier
ist ein künstlich aufgeschütteter Hügel mit einer Grab-
anlage. Dort am Hang verraten die Erdschichten Überreste
einer griechischen Siedlung aus dem 7. Jahrhundert v. Chr.
Am Rande eines Ackers liegt ein Stück Marmorsäule. »Jeder
Regen legt hier neue Funde frei«, kommentiert Manfred
Korfmann. Wer ist dieser Mann, der es mit dieser archäologischen Großbaustelle aufnimmt?

Sein unverwechselbares Erkennungszeichen während der
Grabungen: Hut, olivfarbene Weste und Halstuch. Doch
Korfmann will keinen Mythos über sich aufbauen wie
Schliemann, der behauptete, schon als Kind den Schatz des
Priamos finden zu wollen. Korfmann wollte erst Lehrer
werden, doch dann faszinierte ihn die Bronzezeit so sehr,
dass er auf Ur- und Frühgeschichte umschwenkte. Mit
29 Jahren ging er als Mitarbeiter des Deutschen Archäologischen Instituts in die Türkei, lebte fünf Jahre in Istanbul
und lernte fließend Türkisch. Mit vierzig wurde er Professor in Tübingen und begann mit Geländebegehungen und
Ausgrabungen in der Troas. Mit 46 Jahren war er dann am
Ziel – 1988 erteilten ihm die türkischen Behörden die nur
auf seine Person ausgestellte Grabungslizenz.

Seitdem managt Korfmann während der sommerlichen
Grabungskampagnen die Arbeit – mit strenger Hand. »Ja,
ich bin autoritär«, räumt er ein. Anders jedoch ließe sich
das ungeheure Projekt nicht durchführen – Korfmann weiß
genau, was wo gerade getan und geborgen wird.

Früher verschoben Archäologen die Auswertung und

> ## Troia VIII
>
> Fundstücke aus Troia VIII (1000 bis 85 v. Chr.) lagen
> bis vor Kurzem über den gesamten Burgberg verstreut.
> Die Teile der Säulen und der Decke des einst gewaltigen
> Athena-Tempels wurden zusammengetragen und sind
> heute im östlichen Bereich des Burgbergs zu besichtigen.
> Die griechische Stadt Troia VIII war zu einer kleinen
> Siedlung geschrumpft. Im 4. Jahrhundert v. Chr. opferte
> der berühmte Makedonierkönig Alexander der Große
> hier der Athena vor und nach seinem Sieg über die Perser.
> In Verehrung für Homer und seine Helden ließ er
> die Stadt wieder aufbauen und einen großen Athena-
> Tempel errichten.

Veröffentlichung ihrer Funde gern auf ihre Pensionszeit –
auch hier hat Korfmann neue Maßstäbe gesetzt: Noch
während der Grabung werden die Funde ausgewertet und
zügig Veröffentlichungen darüber geschrieben. Freunde und
Sponsoren der Ausgrabungen erhalten noch im Sommer
einen Rundbrief, die ausgearbeiteten Erkenntnisse erscheinen im Folgejahr in der Buch-Reihe *Studia Troica*.

Korfmann ist hier der Boss und wird respektvoll
»Osman Bey« (»Bey« bedeutet auf Türkisch »Herr« und
drückt die Achtung vor der entsprechenden Person aus)
genannt. Trotzdem wirkt er Fremden gegenüber zunächst
fast schüchtern. Er spricht leise und zieht sich hinter ver-
schränkten Armen zurück. Kaum spürt er jedoch Verständnis und Begeisterung für Troia, wird er lebhaft. Und erzählt, warum er sich anfangs von Homers Geschichten
distanzierte. Denn für ihn als Ur- und Frühgeschichtler
beschreibt Homers Troia nur eine der neun Siedlungs-

Die Archäologen graben im Areal eines Heiligtums der Troia VIII-
und IX-Phase und haben dabei Ausblick auf die Landschaft der Troas.

epochen und damit nur einen kleinen Ausschnitt aus der Geschichte der Stadt. Doch im Laufe der Grabungen lernte Korfmann die *Ilias* schätzen, denn die historische Landschaft, vor der Homer seine Helden auftreten lässt, hat der Dichter sehr genau beschrieben.

Korfmann pflegt die traditionelle türkische Gastfreundschaft, und es fällt seinen Gästen schwer, sich seinem Charme zu entziehen. Obwohl er eigentlich während der sommerlichen Grabungskampagne an mindestens drei Orten gleichzeitig sein muss, findet er doch Zeit, mit interessierten Kollegen und Journalisten durch die Troas zu fahren.

Darüber hinaus macht er sich für das gesamte Gebiet um Troia stark. Die Landschaft wurde immer mehr von Bauspekulanten und der Tourismusindustrie bedroht. Dabei weist dieses Areal von der Größe des Stadtstaates Bremen mehr als 60 historisch bedeutende Stätten vom Neolithikum bis zur frühbyzantinischen Zeit (6. und 7. Jahrhundert n. Chr.) auf. Dank Korfmanns Engagement haben sich Medien und Umweltverbände für den Erhalt der Landschaft eingesetzt. Mit Erfolg: Die Troas wurde von der Türkei zum Nationalpark, von der UNESCO, der Organisation der Vereinten Nationen für Bildung, Wissenschaft und Kultur, zum Weltkulturerbe erklärt. Wir wissen heute nicht nur viel mehr über Troia als jemals zuvor. Das Grabungsteam hat auch die Substanz der historischen Stätte »Troia« und den Erhalt der Landschaft gesichert.

Damit könnte Korfmann zufrieden sein – doch er will mehr. Er will mit seiner Arbeit zwischen Ost und West vermitteln. »Der Troianische Krieg wurde zum Sinnbild aller sinnlosen Kriege – ein Troianischer Frieden könnte Ost und West dort wieder zusammenführen, wo starke Wur-

Troia IX

Für die Römer hatte Troia keine strategische, sondern lediglich eine kultische Bedeutung. Denn sie führten ihre Herkunft auf den Homer'schen Helden Aeneas zurück. Ihr Troia IX (85 v. Chr. bis 500 n. Chr.) verwandelten sie in eine Kultstätte mit Tempeln, Theatern und einem Bad. Ein beeindruckendes Zeugnis dieser Zeit ist das beinahe vollständig erhaltene kleine Odeon, ein Veranstaltungsgebäude mit im Halbkreis angeordneten steinernen Sitzreihen. Die Stadt verfügte über eine weiträumige Unterstadt.

zeln des Abendlandes zu finden sind«, erklärt er. »Historisch betrachtet, gehört die Türkei genauso selbstverständlich zu Europa wie Griechenland.«

Doch wer Partei ergreift und wie Korfmann neue Forschungsansätze durchsetzen möchte, macht sich auch Feinde. Und genau das geschah, als zur großen Troia-Ausstellung 2001 einmalige Funde aus der Türkei nach Deutschland kamen. Der Althistoriker und Tübinger Kollege Frank Kolb bezeichnete seinen Kollegen in den Medien mehr oder weniger als Schwindler. Stein des Anstoßes: Korfmanns Modell des spätbronzezeitlichen Troia, dessen Unterstadt dicht mit Häusern bebaut ist. Kolbs Kritik: Die bisher publizierten Pläne zur Unterstadt Troia VI zeigen außerhalb des Burgberges nur kärgliche Mauerreste. Die entdeckten Gebäudereste stammen nicht aus einer einzigen Stadt, sondern aus verschiedenen Epochen. Der sogenannte Verteidigungsgraben um die Unterstadt ist bisher nur am Südhang nachgewiesen, deshalb kann er nur der Entwässerung gedient haben. Es fehlen Importwaren aus dem Hethiter-Reich und ein Hafen.

Dabei ist Korfmanns Vorgehen eigentlich für die Archäologie üblich. Zum Vergleich: Auch die berühmte Wikingerstadt Haithabu in Schleswig-Holstein wurde nur zu fünf Prozent ausgegraben (s. Kapitel 12). Und trotzdem kritisiert niemand die Rekonstruktion der gesamten Stadt. Sehr selten werden ganze Städte ausgegraben – selbst Pompeji ist bis heute nicht vollständig freigelegt.

Doch hinter dem Troia-Streit steckt mehr: Korfmanns Schlussfolgerung, dass Troia nicht zum griechischen, sondern zum anatolisch-hethitischen Kulturkreis gehörte, erzeugt bei manchen Freunden der griechischen Kultur heftigsten Widerwillen. Denn für sie ist alles um den Troia-Mythos, und besonders Troia selbst, selbstverständlich griechischen Ursprungs. Und Korfmann ist in ihren Augen ein zu enger Freund der Türkei.

Tatsächlich macht Korfmann aus seiner Nähe zur Türkei kein Geheimnis. Das geht so weit, dass er den Beinamen »Osman« offiziell als zweiten Vornamen annimmt. Trotzdem überrascht ihn die Heftigkeit der Kritik, die ihm von manchen Althistorikern und den Medien entgegenschlägt. Was sagt er dazu? Er reißt die Arme hoch und zitiert ein altes türkisches Sprichwort: »Bäume, die reife Früchte tragen, werden eben mit Steinen beworfen.« Doch nimmt er die Kränkungen wirklich hin wie ein reifer Baum?

Unverdrossen arbeitet Korfmann weiter, erkrankt dabei aber schwer. Als er im August 2005 stirbt, kommt sein Ableben für die Mehrzahl seiner Freunde und Bewunderer völlig überraschend. Bis wenige Tage vor seinem Tod hat er dafür gesorgt, dass sein Projekt weitergeht. So übernahm im Sommer 2006 sein Kollege und Freund, der Metallexperte Ernst Pernicka (s. Kapitel 11), die Grabungsleitung in Troia.

Bisher waren nur Teile des Verteidigungsgrabens im Süden und im Westen nachgewiesen worden. Im Jahr 2006 konnten die Archäologen auch Stücke im Ostbereich der Unterstadt freilegen. Jetzt steht zweifelsfrei fest: Der Graben verlief ringförmig um die ganze Unterstadt. Nun muss noch die dichte Bebauung innerhalb der Unterstadt nachgewiesen werden. Außerdem ist der Nationalpark »Troas« noch nicht hinreichend geschützt. Ein Museum soll vor Ort entstehen, das die Funde der Korfmann-Grabungen zeigt. Der Kampf um Troia ist noch lange nicht beendet …

KAPITEL 11

Von der ersten Bronze zur Himmelsscheibe von Nebra

Quer durch Europa und Asien verfolgen Wissenschaftler die Verbreitungswege eines Metalls

Speerspitzen aus Kreta, Streitäxte aus Ägypten, Messer und Schwerter aus Mesopotamien und Gefäße und Schmuck aus Troia – all diese herrlichen Funde sind heute in archäologischen Museen ausgestellt. Und sie haben zwei Dinge gemeinsam: Sie stammen überwiegend aus dem 3. und 2. Jahrtausend v. Chr. und sind alle aus Bronze gefertigt.

Die Fähigkeit, Bronze zu verarbeiten, ist so bedeutsam für die kulturelle Entwicklung der Menschheit, dass eine entscheidende Epoche der Menschheitsgeschichte nach ihr benannt wurde: die Bronzezeit. In der Bronzezeit entstanden die Arbeitsteilung, der Fernhandel und zahlreiche Hochkulturen im Nahen Osten und im Mittelmeerraum. Doch wo und von wem wurde die erste Bronze hergestellt? Und welche Rolle spielte Mitteleuropa (Deutschland) in der Bronzezeit?

Die Spur der neuesten archäologischen Entdeckungen führt über Fundorte in ganz Europa, Kleinasien und den Nahen Osten bis ins Innerste von Zentralasien und wieder zurück nach Deutschland – zu den Fundstätten eines Goldschatzes und der Himmelsscheibe von Nebra.

Zunächst einmal beginnt unsere Spurensuche jedoch in einem nüchternen Büro des Bochumer Bergbaumuseums. Hier arbeitet Anfang der 1990er Jahre einer der weltweit erfahrensten Bergbau-Archäologen, Gerd Weisgerber. Von den Kohleschächten seiner Heimat bis zu den frühen Metall- und Salzstollen der Menschheit hat er Bergwerke jeder Art untersucht. Gern hätte er noch vor seiner Pensionierung frühe Zinnbergwerke im Inneren Asiens erforscht, doch der sogenannte Eiserne Vorhang zwischen Ost und West verhinderte das seit Jahrzehnten.

Weisgerber nimmt einen Brocken Kupfererz wiegend in die Hand: Kupfer wird von den Menschen schon seit dem 5. Jahrtausend v. Chr. genutzt. Doch es ist zu weich – daraus lassen sich keine Waffen und Werkzeuge herstellen, höchstens eine Sichel, um Getreide zu schneiden. Erst mit der Bronze wechselten die Menschen von Stein- zu Metallwerkzeugen. Gegenüber dem reinen Kupfer besteht die Bronze aus einer Kupfer-Zinn-Legierung – dazu werden vier bis zehn Prozent Zinn dem Kupfer beigemengt. Dieses Kupfer-Zinn-Gemisch weist zwei entscheidende Vorteile auf: Es wird viel härter als Kupfer und eignet sich deshalb gut zur Herstellung von Waffen und Werkzeugen; trotzdem hat es einen niedrigeren Schmelzpunkt.

Doch Bronze war ein knappes und deshalb kostbares Gut. Der regelmäßige Handel entstand und mit ihm die ersten wohlhabenden Reiche wie die der Sumerer in Mesopotamien, der Minoer auf Kreta und der Mykener in Griechenland. Und die Metallverarbeitung – das Zusammenstellen, Schmelzen und Gießen der Metalle – verlangte Spezialisten wie Erzsucher, Bergleute sowie Schmiede.

Doch woher stammen das Kupfer und das Zinn der frühen Bronzefunde? Lange Zeit glaubten die Archäologen, die ersten Bronzehersteller hätten sich aus Minen vor Ort versorgt. Die geologische Erforschung der Lagerstätten weltweit hat jedoch gezeigt: Jein! Während Kupfer in vielen Lagerstätten reichlich vorhanden ist, findet sich weit und breit kein Zinn.

Inzwischen haben die Wissenschaftler die möglichen Quellen für die Menschen im 3. Jahrtausend v. Chr. auf drei Regionen einschränken können: Cornwall auf den Britischen Inseln, ein Gebiet auf der Iberischen Halbinsel im heutigen Portugal und ein größeres Areal in Zentralasien (heute Usbekistan, Tadschikistan). Zu dieser Zeit gab es jedoch keine Handelswege vom östlichen Mittelmeerraum nach Portugal oder den Britischen Inseln – die beiden ersten Möglichkeiten scheiden also aus. Demgegenüber führte eine eindeutige Spur nach Zentralasien: Unter den Funden aus der frühen Bronzezeit befinden sich Prunkäxte aus Lapislazuli. Dieser Schmuckstein kommt nur im damals unerreichbaren Chile – und in Zentralasien vor.

Weisgerber versuchte, Hinweisen von russischen Wissenschaftlern auf vorgeschichtliche Zinnbergwerke in Mittelasien nachzugehen, doch das war schwierig: »Nicht einmal anständige Karten gab es von Mittelasien – es lag halt weit jenseits des Eisernen Vorhangs.« Doch Anfang der 1990er Jahre öffnen sich die ehemaligen Ostblockstaaten langsam, und 1991 klopft es wieder einmal an Weisgerbers Tür. Völlig überraschend standen usbekische Geologen und Archäologen davor. Er führte sie durch das Bergbaumuseum und erhielt im Gegenzug eine Einladung nach Mittelasien.

Bereits 1992 unternahm Weisgerber zusammen mit dem Metall-Archäologen Ernst Pernicka und dem Eurasien-

Unterirdische Detektivarbeit in Zentralasien: In den alten Stollen
suchen die Archäologen nach Spuren antiken Bergbaus.

Experten Hermann Parzinger eine erste Stippvisite, 1993
bis 1996 folgte ein Expeditionsprogramm zu ausgewählten
Lagerstätten ins zentralasiatische Tal des Zeravschon. Dieser wilde Fluss frisst sich durch das Turkestan-Gebirge und
schlängelt sich durch die usbekische Steppe – dabei durchquert er die Stadt Samarkand an der Seidenstraße und ver-
sickert, bevor er Buchara erreicht, im Sand.

Dort – in der südöstlichen Wüstensteppe Usbekistans –
fanden die Wissenschaftler nahe dem Ort Karnab eine völlig zerfurchte Landschaft vor. Auf der fieberhaften Suche
nach Zinn- und Uranerz hatten die Russen hier im 20. Jahrhundert in regelmäßigen Abständen Gräben angelegt. Die
nutzten die Archäologen nun für ihre Suche. Prompt fanden sie historische Abbaustrecken, die den Erzschichten
folgten. Sie verliefen teilweise senkrecht im Boden und
sahen aus wie breite Risse im Erdgestein. »Da konnte ich
nicht tief einatmen, sonst hätte ich festgesteckt«, erklärt der

vollschlanke Weisgerber. Deshalb hält er es für wahrscheinlich, dass nur Kinder oder Frauen die Arbeit an den engsten Stellen der Strecken verrichtet haben. Im Umkreis fanden die Wissenschaftler das Werkzeug: Tausende von Stein-Schlägeln – Steine, die so zurechtgeschlagen waren, dass sie als Hammer dienen konnten. Außerdem zeigen geschwärzte Areale an, dass die Bergleute »Feuer setzten« – durch die Hitze bersten Gesteins- und Erzkrusten und lassen sich leicht abschlagen. Vom Feuer blieb Holzkohle erhalten, die mithilfe der C-14-Methode die Zeit des Abbaus preisgab: Das Zinnbergwerk in Karnab war von 1600 bis 800 v. Chr. in Betrieb. Das war schon sehr alt, doch für die erste Zinnbronze immer noch mehr als 1000 Jahre zu jung.

Noch weiter in die Vergangenheit führen Bergwerke bei Muschiston, den Zeravschon weiter flussaufwärts, im benachbarten Tadschikistan – rund 150 Kilometer östlich von Samarkand. Dort liegen in 3000 Metern Höhe Zinnlagerstätten, die zwar von russischen Geologen untersucht, aber noch nicht ausgebeutet wurden. Auf Anhieb fand Weisgerbers Mannschaft Spuren bronzezeitlichen Bergbaus – Keramikscherben, Holzkohle und einige Holzstempel wurden freigelegt und zeitlich bestimmt. Das Ergebnis: Die Bergwerke von Muschiston waren von 2400 bis 800 v. Chr. mit Unterbrechungen genutzt worden. Vielleicht ist es nicht das Allererste, aber mit Sicherheit eines der ersten Zinnabbaugebiete.

Metall im Massenspektrometer

Mit den Erzfunden im Gepäck reiste Pernicka in eine deutsche Bergwerkregion. An der traditionsreichen sächsischen Bergakademie in Freiberg wurde er 1998 zum ersten Inhaber des Lehrstuhls für Archäometallurgie berufen. Pernicka ließ einen Teil der Erzfunde aus Tadschikistan verhütten, also einschmelzen und von Verunreinigungen befreien: Es entstand genau die goldglänzende Bronze, die einst von Mesopotamien bis an die Adriaküste so begehrt war.

Dadurch löste sich auch das Rätsel der Erfindung der Bronze: Die Lagerstätte von Muschiston enthält Erze, in denen Kupfer und Zinn zusammen vorkommen. Pernicka: »Dies könnte auch erklären, wie die erste Bronze hergestellt wurde. Sie wurde nicht als Rezept erfunden, sondern kam als natürliche Legierung im Boden vor.« Die Menschen erkannten deren Vorzüge und Zusammensetzung und übernahmen die Legierung als Technik – ein folgenreicher Schritt für die Menschheit.

Die Wissenschaftler in Freiberg verfügten über die neueste Technik: das Massenspektrometer. Damit analysieren sie die chemische (stoffliche) Zusammensetzung der Metalle und Erze, denn die beigemengten Spurenelemente

Archäometallurge Ernst Pernicka vor seiner »High-Tech-Zauberkiste« – dem Massenspektrometer.

unterscheiden sich von Lagerstätte zu Lagerstätte. Stimmt nun die chemische Zusammensetzung der Proben und der Lagerstätten exakt überein, lassen sich Fundobjekte einzelnen Lagerstätten zuweisen. Das gelang den Wissenschaftlern bereits bei der Kupferverarbeitung und Bronzefunden, die aus einer späteren Zeit stammten – und nun hoffte Pernicka bei der frühen Zinnbronze auf einen ähnlichen Er-

Massenspektrometer zeigen den »Fingerabdruck«
der Metalle

Erze kommen in der Natur als Gemische aus Metall- und Mineralverbindungen wie Kalk oder Quarz vor. Da die Erz-Lagerstätten unterschiedliche geologische Entstehungsgeschichten haben, weist jede von ihnen eine nur für sie charakteristische Zusammensetzung auf. Die Metallkundler sprechen in diesem Zusammenhang von einem »Fingerabdruck«.

Selbst wenn diese Erze zu Metallen verhüttet wurden, bleiben Spurenelemente dieser Beimengungen im Metall zurück.

Heute reicht eine Probe von ein paar Tausendstel Gramm, um ihre genaue Zusammensetzung zu bestimmen. Die Wissenschaftler lösen sie in Säure auf und lassen sie verdampfen. Eine Kathode (ein kräftiges elektronisches Feld) im Massenspektrometer spaltet die Moleküle in ihre Bestandteile, Ionen, auf. Diese werden dann beschleunigt und über ein Magnetfeld geführt. Die einzelnen Ionen-Typen zeigen unterschiedliche Abweichungen – das Gerät zeichnet das so entstehende Spektrum als fortlaufende Kurve auf. Daran lässt sich die Zusammensetzung der Proben ablesen und mit anderen vergleichen.

folg. Als Vergleichsobjekte hatte er einige Bronzegeräte aus Troia herausgegriffen. Die stoffliche Zusammensetzung der Bronzeobjekte aus Troia stimmte mit den Erzfunden aus Innerasien fast überein, aber eben nur fast. Also suchen sie weiter, es gibt ja noch viele andere Bronzeobjekte in den Museen.

Denn die Indizien stimmen – urteilen die drei »Detektive der Vergangenheit«. Sie haben die weltweit ältesten Zinnbergwerke gefunden, und auch die passenden Transportwege dazu: Seit dem frühen 2. Jahrtausend v. Chr. berichten assyrische Keilschrifttexte über Nomaden-Karawanen, die das Zinn regelmäßig durch Persien nach Mesopotamien transportierten. Und Eurasien-Experte Parzinger hat im Zeravschon-Tal archäologische Beweise dafür gefunden, dass es auch Nomadenvölker waren, die das Zinn abgebaut und verhüttet haben.

Von Mesopotamien gelangte die Bronze über Anatolien, entlang der südwestlichen Schwarzmeerküste bis zur Adriaküste. Hier grenzten im 3. Jahrtausend v. Chr. kleine Fürstentümer aneinander, zwischen denen diese begehrten und knappen Güter getauscht wurden. Gold, Lapislazuli und auch Bronze galten als Statussymbol – wie heute ein Mercedes-Cabrio: Hat der Nachbar einen, brauche ich auch einen. Reichte das Netzwerk kleiner Fürstentümer auch über die Alpen bis nach Deutschland? Erreichte die Bronze aus Asien selbst oder nur das Wissen um die Metallherstellung Ende des 3. Jahrtausends Mitteleuropa?

Der Häuptling mit dem Amboss
Im Jahr 1877, auf einer leichten Anhöhe in Nordthüringen nicht weit von der Stelle, wo der Fluss Lossa in die Unstrut fließt. Beinahe 4000 Jahre hatte dort ein rund acht Meter

hoher Hügel unberührt in der Landschaft gethront – nun wurde der Hügel von Leubingen als Lehmgrube genutzt. Doch kaum hatten die Arbeiter einige Fuhren der schweren Erde abgetragen, stießen sie auf Gräber, alte Gräber, an die sich niemand in der Gegend erinnern konnte. Also wurde aus dem nahen Jena der Frühgeschichtler und Universitätsprofessor Friedrich Klopfleisch gerufen. Unter seiner Aufsicht gruben die Arbeiter weiter und stießen zunächst auf kleine Gräber, die von slawischen Bewohnern der Gegend in der Zeit von 700 bis 1100 n. Chr. in dem Hügel angelegt worden waren. Doch viel tiefer stießen die Ausgräber auf ein unversehrtes Bronzezeitgrab, über dem der Hügel eigentlich aufgeschüttet worden war.

Unter einer Schicht schwerer Steine lag eine sogenannte Totenhütte, ein aus Holzbalken geformtes Satteldach von vier Meter Länge. Mithilfe der Holzbalken konnte das Grab später auf die Zeit um 1940 v. Chr. datiert werden. Und in dieser Hütte lag das Skelett eines Mannes – in ein vornehmes Gewand gekleidet und mit wertvollen Beigaben für seine Reise ins Jenseits ausgestattet. Dazu gehören vor allem etliche bronzene Waffen und Werkzeuge: Dolche, Beile, Meißel und die Klinge eines Stabdolches. Das Wertvollste – ein goldenes Schmuckensemble – trägt er am Leib: einen Armring, zwei Noppenringe und eine kleine Spirale sowie zwei zum Ende hin gebogene Nadeln, die in seinem Gewand stecken.

Klopfleisch fiel auf, dass die Steine, mit denen die Totenhütte ummantelt war, unterschiedliche Farben aufwiesen und folglich aus verschiedenen Materialien bestanden. Sie müssen aus ganz unterschiedlichen Regionen der Umgebung herbeigebracht worden sein: weißer Sandstein aus der Umgebung Nebras, roter Sandstein von der Rothenburg beim

Kyffhäuser, Kalkstein von der Hainleite und Tuffstein von Greußen.

Klopfleisch schlussfolgerte: Wenn Menschen aus allen Himmelsrichtungen und aus bis zu 30 Kilometern Entfernung schwere Steine zu einer Bestattung herbeibringen, dann muss es sich um eine sehr wichtige Persönlichkeit gehandelt haben. Der Frühgeschichtler nahm an, es war einer der neuen Häuptlinge der Bronzezeit, ein Fürst.

Später urteilten andere Forscher: ein Kriegsherr, ein hoher Priester, ein Schmied oder jemand, der das Recht besaß, Metalle verarbeiten zu lassen. Denn unter seinen Grabbeigaben befanden sich drei Meißel, und bei einem der früher weniger beachteten »Steingegenstände« – einem glatten rechteckigen Stein – handelt es sich um einen kleinen kissenförmigen Amboss. Die Menschen in Ostdeutschland besaßen also schon zu Beginn des 2. Jahrtausends v. Chr. die Fähigkeit, Bronze zu verarbeiten. Doch woher stammten die Rohstoffe?

Darüber gibt die benachbarte Fundstelle von Dieskau/Bennewitz nahe Halle an der Saale Auskunft. Hier wurden rund 300 Beilklingen aus Bronze gefunden. »Dieser außergewöhnliche Fundreichtum lässt vermuten, dass die Lagerstätten der ostdeutschen Mittelgebirge das Material hierzu lieferten«, erklärt der Archäologe Knut Rassmann. Beim

---

Bronzezeit in Deutschland
In Deutschland währte die Bronzezeit ungefähr von 2200 bis 700 v. Chr. – mit regionalen Unterschieden. Der älteste Bronzefund stammt aus Süddeutschland: eine Gewandnadel aus Singen aus der Zeit um 2100 v. Chr.

Kupfer sind sich die Archäologen mittlerweile sicher, dass es aus Lagerstätten des Erzgebirges stammt. Beim Zinn vermuten sie es, denn dort befindet sich die einzige bekannte Zinnlagerstätte Mitteleuropas.

Und da der Zinnanteil der Beilklingen zwischen 0,5 und 7,6 Prozent schwankt, gehen die Archäologen davon aus: Die ostdeutschen Metallurgen experimentierten, bis sie die optimale Zusammensetzung der Bronze fanden.

Schlechte Zähne und entzündete Gelenke – Leben in der Bronzezeit

Prachtvolle Gräber, herrliche Waffen – für die frühe Archäologie waren das Zeichen einer glorreichen Epoche. Doch seit Anthropologen und Botaniker die organischen Reste dieser Zeit (hauptsächlich Knochen und Pollen) bergen und auswerten können, zeigt sich: Die meisten Menschen waren und blieben Bauern, die mit Ackerbau und Viehzucht die Nahrungsmittel der Gesellschaft erwirtschafteten. Vor allem wurden verschiedene Getreidesorten (Emmer und Einkorn, Gerste, Dinkel, Hafer und Hirse) angebaut. Auf dem Speiseplan stand also tagaus, tagein: Getreidebrei und Brot, Brot und Getreidebrei.

Dazu gab es Früchte und Beeren der Saison, ganz selten Fleisch, und als einzige Neuerung kam erstmals Käse dazu, der aus Kuhmilch hergestellt wurde. Kein Wunder also, dass die Anthropologen bei der Untersuchung der Grabskelette feststellten: Die Lebenserwartung lag im Schnitt bei unter 40 Jahren, die Menschen waren kleiner als heute, die Männer zwischen 1,60 Meter und 1,70 Meter, die Frauen zwischen 1,50 Meter und 1,60 Meter groß. Und alle zusammen litten fast ohne Ausnahme an Mangelerscheinungen, schlechten Zähnen und Arthrose (Entzündung der Gelenke).

Auch den Stammesführern ging es zu Lebzeiten nicht besser – das schlussfolgern die Archäologen folgendermaßen: Sie finden in der frühen Bronzezeit keinerlei Häuser oder Bauwerke in den Siedlungen, die sich gegenüber ihren Nachbarn in Größe, Baumaterial oder Ausstattung herausheben. Stammesführer sind nur an ihren Grabhügeln zu erkennen, unter denen sie in gestreckter Rückenlage und mit üppigen Beigaben bestattet wurden. Alle anderen Menschen fanden in Hockstellung in flachen Gräbern ihre letzte Ruhe. Erst in der mittleren Bronzezeit (etwa 1600 bis 1250 v. Chr.) wurden zunehmend auch die »kleinen« Leute unter flachen Grabhügeln beigesetzt, die in der Nähe der Siedlungen bald ganze Grabhügelfelder bildeten.

Zu dieser Zeit war endlich so viel Bronze im Umlauf, dass auch die Geräte des Alltags – Werkzeuge und Waffen – aus Zinnbronze bestanden. Metalle – Bronze und Gold – boten erstmals in der Geschichte die Möglichkeit, Reichtum anzuhäufen. Doch Reichtümer verlockten auch dazu, geraubt zu werden. Raub und Plünderung gehören ab dieser Zeit zum menschlichen Alltag. Dafür fanden die Archäologen zwei untrügliche Hinweise: die Bronzeschwerter und die Wehranlagen zum Schutz der Siedlungen.

Neben dem Dolch tritt ab dem 16. Jahrhundert v. Chr. das Schwert, das eine bis zu 70 Zentimeter lange, beidseitig geschliffene Klinge aufweist. Mit so einem Schwert lässt sich kein Wild jagen, kein Fleisch in Scheiben schneiden oder eine Figur aus Holz schnitzen, solch ein Schwert hat nur einen Zweck: Mit ihm lassen sich andere Menschen möglichst effektiv verletzen. Das Mitführen dieser Waffen wurde für Männer zum Kennzeichen eines gehobenen Sozialranges und signalisierte: Guckt mich nicht schief an!

Der zweite Hinweis auf Gewalt sind die zahlreichen

Siedlungen, die um die Mitte des 2. Jahrtausends v. Chr. zu Wehranlagen aufgerüstet wurden. In Süddeutschland, im sächsisch-thüringischen Raum, in Oberösterreich und in der Schweiz entstanden befestigte Siedlungen auf Anhöhen. Bernstorff bei Allershausen im bayrischen Landkreis Freising war ein typisches Beispiel für eine zentrale Wallanlage. Doch dann stießen Archäologen dort auf außergewöhnliche Funde.

Mykene in Bayern?

Von 1995 bis 1998 untersuchten Lokalarchäologen und Mitarbeiter der Prähistorischen Sammlung Bayern die Anhöhe eingehend. Mithilfe der Dendrochronologie (s. Kapitel 9) konnten sie bestimmen, dass es um 1360 v. Chr. gewesen sein muss, als die Siedlungsbewohner ausrückten und in der Umgebung rund 40 000 Eichen fällten. So viel Holz brauchten sie, um den Kern eines rund 1800 Meter langen Holzgerüsts zu errichten, das anschließend mit Lehmwänden ummantelt wurde. Die so entstandene Wallanlage umschloss ringförmig eine Siedlung. Wie das bronzezeitliche Troia oder Mykene bestand sie aus einer Burg mit daran anschließenden Unterstadt. Am westlichen Rand des Bergplateaus vermuten die Archäologen die sogenannte Zitadelle der Anlage. Geomagnetische Untersuchungen des Untergrunds zeigen eine sehr breite Schuttzone, die auf viel größere Gebäude hinweist als an den übrigen Stellen. Hier könnte der Wohnbereich der Oberschicht gelegen haben.

1998 galten die archäologischen Untersuchungen als abgeschlossen, und der Platz wurde für die Erweiterung der benachbarten Kiesgrube freigegeben. Der Arzt und Hobbyarchäologe Manfred Moosauer war nur zufällig dabei, als eine Planierraupe die obersten Erdschichten abtrug. Ein

Schmuck statt Waffen

Die erste Bronze wurde nicht für Waffen, sondern für Schmuck und Zierrat verwendet, 3000 dieser Objekte hat der Archäometallurge Ernst Pernicka mit seinen Mitarbeitern untersucht: Landwirtschaftliche Geräte wie Sicheln bestehen weiter aus Kupfer, Schmuck und Möbelbeschläge wurden hingegen aus Bronze gefertigt. »An diesen Gegenständen konnten die Werkstoffeigenschaften eigentlich nicht zum Tragen kommen«, urteilt Pernicka. Warum wurden sie dann aus der kostbaren Bronze hergestellt? Weil sie zur Zeit ihrer Herstellung verführerisch golden glänzten, die grüne Patina kam erst im Laufe der Zeit.

Goldblech – eingebettet in Wurzelwerk – kam im aufgewühlten Erdreich zum Vorschein. »Ein wahnsinniges Glück hatten wir«, erläutert Rupert Gebhard, Leiter der Werkstatt der Prähistorischen Sammlung Bayerns. »Denn ein Laie hält Gold, das nach langer Zeit aus dem Boden kommt, für Messing oder Schokopapier.«

Die Ausweitung der Kiesgrube wurde nach dieser Entdeckung verschoben, damit die Archäologen noch einmal systematisch suchen konnten. Sie fanden unter anderem eine goldene Nadel und verzierte Goldbleche in Form einer Krone, einem Diadem und einem Goldband, das um einen Holzstab gewickelt war. Die Goldbleche sind dünn und zerbrechlich – sie haben wohl nie einen Menschen, sondern ein Kultbild geschmückt. Stabumwicklung, Krone und die Muster auf den Diademen zeigen eine erstaunliche Ähnlichkeit zum mykenischen Totenkult – wie die »Totenmaske des Agamemnon«.

Damit nicht genug – im Jahr 2003 fanden die Archäologen zwei kleine dreieckige Bernsteingegenstände: zwei kleine Gesichter. Bei dem einen, nur 3,1 Zentimeter großen Exemplar entdeckten die Archäologen auf der Rückseite Schriftzeichen. Es handelt sich eindeutig um Zeichen der Linear-B-Schrift, die im Ägäisraum von der minoisch-mykenischen Kultur verwendet wurde. Sie lassen sich auf die Zeit um 1360 v. Chr. datieren.

Bernstein, der eindeutig aus der Ostsee stammt, wurde mit mykenischen Zeichen versehen – das beweist: Die Menschen in Süddeutschland hatten Kontakte zu den Mittelmeerkulturen einerseits und dem Ostseeraum andererseits. Während Kupfer an vielen Stellen in Europa und Kleinasien gewonnen werden konnte, waren die Lagerstätten von Zinn, Gold, Lapislazuli und Bernstein recht ungleich verteilt. Nur Fernhandel konnte diese knappen Güter verbreiten. Bernstorff spielt dabei wohl eine Schlüsselrolle: Bernstein, Felle und Salz wurden aus dem Norden in den Süden transportiert, Keramik und Metalle in die entgegengesetzte Richtung. Doch diese Entdeckungen wurden gleich in den folgenden Jahren von einem neuen Fund verdrängt, der unser bisheriges Bild dieser Zeit in ein neues Licht rückt: die Himmelsscheibe von Nebra.

Vom Deckel zum Jahrhundertfund –
die Himmelsscheibe von Nebra
Sommer 1999, auf dem Mittelberg, nahe der Stadt Nebra in Sachsen-Anhalt. Zwei Männer schleichen mit einem Metalldetektor durch den Wald, der als archäologisches Gebiet geschützt ist. Es sind Raubgräber, die nach Resten alter Schlachten und Gräber suchen: Pfeilspitzen, Waffen, Munition, Münzen, selbst Uniformknöpfe hätten sie nicht verschmäht. Doch als sie fündig wurden, hackten sie unvor-

sichtigerweise mit ihrem Beil in eine große Bronzescheibe. Die hielten sie zunächst für einen unbedeutenden Deckel, den sie achtlos beiseite warfen. Sie fanden noch zwei Beile, zwei Spiralarmreifen, einen Meißel und zwei Kurzschwerter – alles aus Bronze. Nun sahen sie sich den »Deckel« genauer an, der als die »Himmelsscheibe von Nebra« berühmt werden sollte.

In den folgenden zwei Jahren erhielten Archäologen und Museumsleiter in Berlin, München und Sachsen-Anhalt merkwürdige anonyme Anrufe: Das Fundstück wurde ihnen für rund eine Million D-Mark (heute etwa 500 000 Euro) angeboten – sie lehnten den Kauf der »heißen Ware« ab. Die Preisentwicklung zeigt, dass die Schwarzmarkthändler mittlerweile wussten, was sie in den Händen hatten: Die Raubgräber hatten die Scheibe 1999 kurz nach dem Fund für umgerechnet rund 16 000 Euro verkauft. Auf dem Schwarzmarkt wechselte die Scheibe dann schon für umgerechnet 117 000 Euro den Besitzer. Bevor der einmalige Fund nun vielleicht in der Privatsammlung eines Millionärs verschwand, mussten die Archäologen handeln. In Zusammenarbeit mit der Kriminalpolizei ließ sich der Landesarchäologe von Sachsen-Anhalt, Harald Meller, zum Schein auf die Forderung der Hehler ein. Man traf sich in der Kellerbar eines Baseler Hotels, Meller prüfte, ob er die echte Scheibe vor sich hatte, musste kurz auf die Toilette – und die Polizei schlug zu.

Doch mit dem Besitz der Scheibe begann die eigentliche Arbeit: Wie konnten die Wissenschaftler sicher sein, dass die Scheibe überhaupt echt ist? Dazu wurde das Metallforscher-Team um Ernst Pernicka eingeschaltet. Auffälligstes Merkmal alter Bronze ist ihre grüne Patina – sie entsteht, weil die Kupfer- und Zinnmoleküle im Laufe der

Zeit mit anderen Stoffen reagieren und dabei Kristalle bilden. Die Scheibe weist grobe Kristalle auf, wie sie nur in Jahrtausenden heranwachsen können. Exakter lassen sich Metallfunde jedoch nicht datieren. Mit den am gleichen Fundort geborgenen Bronzeschwertern fanden die Wissenschaftler dennoch eine Möglichkeit, das Alter genauer zu bestimmen. Die Prunkschwerter sind sehr sorgfältig gegossen und geschmiedet und verfügen über einen Schalengriff. Das heißt, nur die äußere Hülle besteht aus Bronze, das Griffinnere aus Birkenholz. Holz wiederum lässt sich mit der C-14-Methode bestimmen. Ergebnis: Der Bronzeschatz stammt aus der Zeit um 1600 v. Chr. Doch woher wollen die Archäologen wissen, dass die Scheibe wirklich aus Mitteldeutschland stammt? Die Materialanalyse mithilfe des Massenspektrometers hat ergeben, dass das Kupfer für die Bronze der Himmelsscheibe aus dem Ostalpenraum stammt.

Die Himmelsscheibe ist die weltweit älteste anschauliche Darstellung des beobachtbaren Nachthimmels. Auf der Bronzescheibe sind verschiedene Symbolelemente aus Goldverbindungen angebracht: ein Vollmond, ein zunehmender Sichelmond und 32 Sterne, von denen zwei durch die später aufgebrachten zwei Randstreifen überdeckt werden. Außerdem befindet sich im unteren Teil ein weiterer Goldbogen.

»Die Scheibe ist eine Festplatte«, erklärt der Archäoastronom Wolfhard Schlosser, der sich ausgiebig mit ihr beschäftigt hat, »sie ist eine Art Datenspeicher der Bronzezeit – ihrer Kultur und ihrer religiösen Vorstellungen.«

25 Sterne sind wahllos über die Scheibe verteilt und sollen den Sternenhimmel repräsentieren. Sieben der Sterne jedoch bilden fast einen Kreis und geben exakt das Sternen-

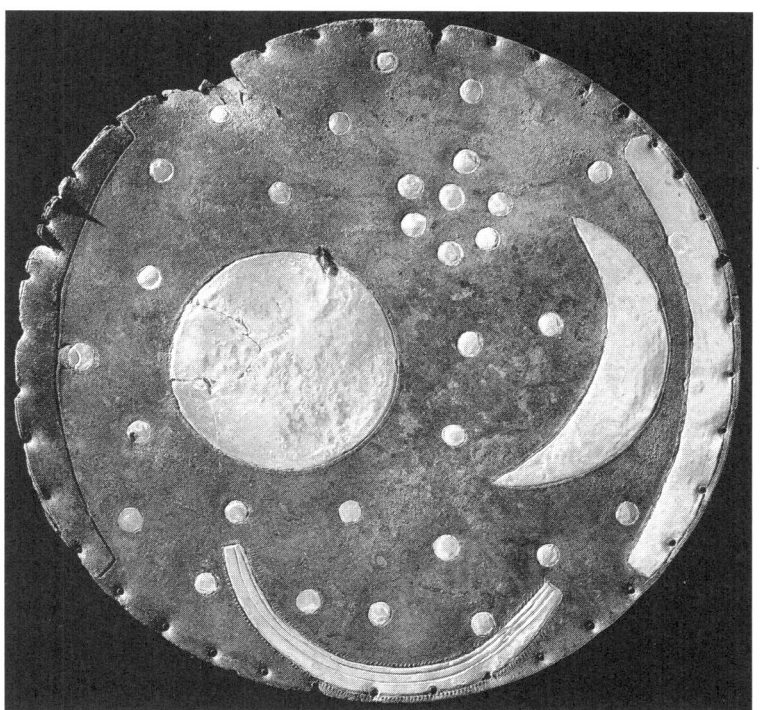

Jahrtausendfund und weltweit älteste Abbildung des Sternenhimmels – die aus Bronze gefertigte Himmelsscheibe von Nebra.

bild der Plejaden wieder. Wenn dieses Sternenbild nach dem 9. März am Nachthimmel (zur Zeit des Neumondes) verschwand, kam die Zeit der Aussaat. Tauchte es Mitte Oktober (zur Zeit des Vollmondes) wieder auf, mussten die Bauern sich auf den nahenden Winter einstellen.

Die beiden Randstreifen der Scheibe geben den Jahreslauf der Sonne wieder. Und zwar so, wie nur hier in Sachsen-Anhalt die Stelle ihres Untergangs von der Winter- zur Sommersonnenwende wandert. Das ist der zweite Hinweis darauf, dass die Scheibe tatsächlich für den Mittelberg angefertigt wurde.

Nur bei dem Goldbogen im unteren Teil der Scheibe rätseln die Archäologen immer noch: Soll er ein Boot darstellen, das symbolisch durch den Himmel segelt? Vielleicht, denn ähnliche Zeichnungen finden sich auf kultischen Felsbildern in Skandinavien.

Die Detektivarbeit wurde auch am Fundort selbst fortgesetzt, der mithilfe der Polizei und den geständigen Raubgräbern genau lokalisiert werden konnte. Den ursprünglichen Fundzusammenhang hatten die Diebe natürlich zerstört. Doch die Archäologen haben begonnen, das Gebiet großräumig zu untersuchen. Der genaue Fundort der Scheibe befindet sich auf einer natürlichen Erhebung innerhalb einer Kreisgraben-Anlage, die einen Durchmesser von ungefähr 160 Metern hat. Sie wird in östlicher und westlicher Richtung von zusätzlichen Wällen abgeschirmt.

Die Funde innerhalb des Kreisgrabens reichen vom frühen Neolithikum bis in die frühe Eisenzeit. Nichts spricht dagegen, dass es sich bei dieser Anlage um ein zentrales Heiligtum handelte, das über Jahrtausende in Betrieb war. Doch die Archäologen haben gerade erst begonnen, die Zusammenhänge zu erkunden und zu verstehen.

KAPITEL 12

Piraten, Händler oder Kaufleute?

Wer die Wikinger wirklich waren

Ein Wikingerboot mit gesetztem Segel und Kriegsschildern an seinen Flanken erreicht die nordamerikanische Ostküste. Es fährt den Hudson-River hinauf, durchquert die Großen Seen und macht in Chicago fest, wo es von einer Menschenmenge begeistert empfangen wird.

Aber wie passt das zusammen: ein Wikingerschiff, Chicago und eine begeisterte Menschenmenge? Antwort: Die Szene spielt im Jahr 1893, zur Weltausstellung in Chicago. Eigentlich wurde mit der Ausstellung das 400-jährige Jubiläum der Entdeckung Amerikas durch Kolumbus gefeiert. Doch die noch junge Nation Norwegen wollte – voller Stolz auf ihre wagemutigen Vorfahren – daran erinnern, dass die Wikinger schon früher als Kolumbus bis nach Nordamerika vorgestoßen waren. Das überlieferten zumindest die Wikingerlegenden, archäologische Beweise gab es zu dieser Zeit noch nicht.

Die Norweger wollten vor allem beweisen, dass eine Atlantiküberquerung möglich war, und ihr tollkühnes Unternehmen ist somit eines der ersten Beispiele für experimentelle Archäologie. Die »Viking« war der exakte Nachbau eines gut erhaltenen Wikingerschiffes, das man 1880 in einem Schiffsgrab im norwegischen Gokstad freigelegt hatte. Das offene Boot erwies sich als absolut hochseetauglich. Sein elastischer Rumpf passte sich auch starkem Seegang an. Für die 4800 Kilometer lange Fahrt benötigte Kapitän Magnus Anderson mit seiner Besatzung 27 Tage. Ein Nachbau der *Santa Maria*, so hieß das Schiff von Kolumbus, war von Spanien aus gestartet und benötigte doppelt so lange.

Als die Wikinger rund ein Jahrtausend früher das erste Mal an fremden Küsten erschienen, verbreiteten sie keine Freude, sondern nur Angst und Schrecken. Ende des 8. Jahrhunderts richteten sie ihre Aufmerksamkeit zunächst auf irische und britische Klöster. »Die Klöster lagen direkt am Ufer«, erklärt der Kieler Ur- und Frühgeschichtler Michael Müller-Wille, »und man wusste, dass sie unbefestigt waren – das stellte für die heidnischen Wikinger eine Art Einladung dar wie heute der McDonald's an der Autobahnausfahrt.« Schon bald drangen die Wikinger über die Flüsse bis weit ins Landesinnere vor. Mit ihren flachen Booten waren sie blitzschnell zur Stelle: Um 845 n. Chr. griffen sie Hamburg an, zwischen 850 und 865 n. Chr. tauchten ihre Schiffe am Rhein auf und plünderten unter anderem Köln.

Aber wer waren die Wikinger denn nun: Waren sie ungestüme Raufbolde und skrupellose Piraten? Oder waren sie doch eher wagemutige Seefahrer, Entdecker und Gründer von neuen Kolonien? Die Antwort liegt irgendwo dazwischen.

Verwegene Eroberer
Wie nie zuvor sind die Archäologen in den letzten zwei Jahrzehnten den Wikingern und ihrer wirklichen Geschichte

auf der Spur. Das Bild, das wir uns von ihnen machen können, wird dadurch immer genauer – doch Vorsicht! »*Die* Wikinger ist schon falsch gesagt«, klärt uns Frühgeschichtler Müller-Wille auf. »Mit dieser Bezeichnung erfassen wir keinesfalls die gesamte skandinavische Bevölkerung des 8. und 9. Jahrhunderts.«

Viking – dieses altnordische Wort leitet sich von »wik« (Bucht, Handelsort) ab und beschreibt eigentlich nicht die Zugehörigkeit zu einer Gruppe, sondern einen Zustand: den Raubzug zu Wasser. Als die Wikingerzeit bezeichnen wir heute die Kriegs-, Handels- und Siedlungsaktivitäten der Skandinavier zur See und an den Küsten von etwa 800 bis 1100 n. Chr. In dieser Weise lebten damals jedoch nur rund fünf Prozent der Bevölkerung. Sie siedelten in den Gebieten des heutigen Schleswig-Holsteins, in Dänemark, Schweden und in den wie getupft verteilten Arealen Norwegens. Die große Mehrheit der auf etwa zwei Millionen Menschen geschätzten Skandinavier dagegen hielt sich mit Fischfang und karger Landwirtschaft über Wasser.

Gemeinsam war den skandinavischen Volksgruppen die Sprache und die Kultur. Sie verständigten sich zu dieser Zeit noch einheitlich in Altnordisch, gliederten ihre Gemeinschaften in Sklaven, Freie sowie gewählte Stammesfürsten und -könige auf. Und sie verehrten die gleichen Götter: Wotan und die untereinander zerstrittenen Götter in Walhall.

Warum jedoch plötzlich gegen Ende des 8. Jahrhunderts ein kleiner Teil der Skandinavier zu Raubzügen, kaltblütigem Mord und Totschlag sowie verwegenen Expeditionen aufbrach, darüber streiten die Forscher noch heftig. Als mögliche Ursachen kommen in Betracht: Seuchen, Armut, Freiheitsliebe, eine Überbevölkerung der besiedelten Gebiete oder eine allgemeine Klimaverschlechterung und daraus folgende Missernten.

Doch welche davon waren die entscheidenden Faktoren? Historische Berichte helfen bei der Beantwortung dieser Frage nicht weiter, denn bereits im 12. Jahrhundert wurden die abenteuerlichsten Legenden über die Wikinger verbreitet, die kaum etwas mit der Realität zu tun hatten.

Der Hauptgrund für die Raubzüge war wohl eher dieser: Land erbte bei den Wikingern immer nur der erstgeborene Sohn von seinem Vater. Die anderen Söhne mussten ihren Unterhalt mit Jagd, Fischfang oder eben Beutezügen verdienen. Diese Raubfahrten dienten gleichzeitig als Initiationsritus. In allen früheren Gesellschaften wurden die Jungen am Ende der Pubertät mit einer solchen Mischung aus Mutprobe und feierlichem Ritual in den Kreis der Erwachsenen aufgenommen. Wer diese Initiation nicht durchlief, wurde von den Wikingern »heimskr« genannt. Dieses Wort bezeichnete zweierlei: den Daheimgebliebenen und den Dummen. In der Logik der Wikinger hieß das: Einer, der zu Hause bleibt, ist dumm – nur der Weitgereiste bringt es zu sozialer Anerkennung.

Entdeckungen und Kolonien der Wikinger
Während die ersten Wikinger vor allem Klöster entlang der Nordseeküste ausraubten, begannen ihre Nachfahren, Kolonien zu gründen – zunächst auf den Britischen Inseln. So wälzten jahrzehntelange Forschungen das Geschichtsbild der Engländer und Iren um: Nicht keltische Einheimische, sondern die Wikinger waren es, die 840 n. Chr. die erste Siedlung auf dem heutigen Stadtgebiet von Dublin

---

errichteten und die im 10. Jahrhundert in England ein weit-
verbreitetes Handelsnetz unterhielten.

Bereits 815 n. Chr. waren andere Wikinger nordwestlich an
den Britischen Inseln vorbei aufs offene Meer gefahren und
hatten die Färöer-Inseln und dann Island erreicht. Ein hal-
bes Jahrhundert später lebten dort rund 10 000 Wikinger –
sie ernährten sich hauptsächlich von der Weidewirtschaft,
dem Fischfang und der Jagd auf Robben und Walrösser.
Deren Felle und Stoßzähne waren wichtige Tauschgüter.
Wikingerlegenden (genannt: Sagas) überlieferten aber auch
die Geschichte von Erik dem Roten und seinem Sohn
Leif Erikson. Sie sollen auf Grönland (»Grünes Land«)
und sogar für kurze Zeit an der nordamerikanischen Küste
gesiedelt haben. Ausgehend von diesen Sagas, suchten
Archäologen seit dem 19. Jahrhundert in Nordamerika
nach Spuren der Wikinger – und 1961 wurden
tatsächlich Reste einer Wikingersiedlung auf Neufundland
entdeckt.

Die Wikingerexpeditionen Richtung Osten werden
seit rund zwei Jahrzehnten verstärkt von russischen
Archäologen erforscht. Entlang der großen russischen
Ströme Woldow-Lowat, Dnjepr und Wolga hatten die
Wikinger auf ihrer Fahrt zum Schwarzen Meer dauerhafte
Siedlungen, wie beispielsweise das heutige Nowgorod,
errichtet.

Halsbrecherische Heldentaten und todesverachtende
Tapferkeit standen folglich hoch im Kurs bei den Wikingern. Der Wikingerhäuptling Ragnar Lodbrok beispielsweise bekundete: Ich werde dieses popelige England mit
zwei Schiffen erobern! Er fuhr los – und verbrachte den
Rest seines Lebens in einem englischen Kerker. Von solchen

unglücklichen Ausnahmen einmal abgesehen, waren die Wikinger mit ihren Beutezügen sehr erfolgreich. Hierfür – darin sind sich die Forscher einig – gibt es zwei Ursachen: ihre Schiffe und ihre kriegerische Taktik. Die Wikinger entwickelten eine Art mittelalterliche Blitzkriegstrategie, die sie »Strandhagg« nannten.

Strandhagg: Blitzkrieg auf Wikingerart

»Strandhagg«, das heißt: Überraschend landen, gewalttätig zuschlagen und verschwinden, bevor der Gegner überhaupt reagieren kann. Die Überraschungstaktik der Wikinger war fast zwei Jahrhunderte lang erfolgreich – niemand in Europa konnte es mit ihnen aufnehmen. Zumal die anderen Mächte dieser Zeit sich vor allem auf Reiterheere stützten, die den Wikingerschiffen nicht folgen konnten. Einziger Trost: Ganz traditionell führten die Wikinger ihren Strandhagg nur in den drei Sommermonaten durch – den Rest der Zeit lebten sie friedlich in ihrer Heimat, wo sie eine primitive Landwirtschaft betrieben und ein karges Leben führten. Die geringe Sonneneinstrahlung im Norden ließ kaum Früchte oder Gemüse wachsen. Gerstenbrei, hartes Roggenbrot, Kohl, Rüben und getrockneter Fisch standen tagaus, tagein auf dem Speiseplan.

Warum jedoch waren diese armen Bauern und Fischer so konkurrenzlos gute Schiffsbauer? Um die Antwort zu finden, muss man sich nur einmal eine größere Karte von Nordeuropa ansehen. Die ganze norwegische Küste wird von Fjorden und Bergen zerklüftet. Und auch die übrigen Gebiete Skandinaviens zeigten sich vor 1000 Jahren sehr unwirtlich: undurchdringliche Wälder, Sumpfgebiete, ständig sich verändernde Flussläufe. Die Einwohner konnten nur im Winter – und das auch mehr schlecht als recht –

über Land reisen, wenn alles von einer Eisschicht überdeckt war.

Am besten ließ sich zu Wasser reisen. Deshalb begannen die Skandinavier schon früh mit dem Bootsbau. Der älteste Fund: ein mit Feueräxten aus Lindenholz geschlagener Einbaum aus der Zeit um 5000 v. Chr., gefunden in Lystrup (Dänemark). Bereits 2500 Jahre später wurden die Bordwände mit sich dachziegelartig überlappenden Planken erhöht. In der Bronzezeit kamen der schnabelförmige Bug und der Kiel als Neuerungen dazu. Nach 6000 Jahren Entwicklungszeit vollendeten die Wikinger schließlich die skandinavische Schiffsbaukunst mit drei verschiedenen Schiffstypen: dem wendigen Küstensegler, dem robusten Meereskreuzer und dem schlanken Kriegsschiff, dem sogenannten Drachen- oder Langboot.

Ein Zeitgenosse der Wikinger verglich die Anmut der vorbeifahrenden Drachenboote mit dem Flügelschlag eines Adlers. Lange Zeit wusste die Nachwelt nur aus solchen Berichten von diesen schnellen lang gestreckten Booten, und es drängte sich die Frage auf: Hat es sie wirklich gegeben, oder handelte es sich auch hierbei um eine der zahlreichen Wikingerlegenden? Erst die Entdeckungen eines Schiffsgrabes bei Ladby (1935), des Wracks von Haithabu (1953 entdeckt, gehoben 1979) und von zwei Langbooten, die aus dem dänischen Roskilde-Fjord geborgen wurden, bestätigten die schriftlich überlieferten Angaben.

Die Boote weisen tatsächlich ein extremes Verhältnis von Länge und Breite auf. Es konnte beim Langboot immerhin elf zu eins betragen. Das Langboot von Haithabu etwa war 28 bis 30 Meter lang und bis zu drei Meter breit. Zum Vergleich: Handelsschiffe waren nicht ganz so lang, aber doppelt so breit, also 25 bis 28 Meter lang und bis zu sechs

Aus einem Grabhügel bei Oseberg am norwegischen Oslofjord bargen Archäologen 1904 ein ganzes Wikingerschiff – die Beigabe für ein dort bestattetes Häuptlingspaar.

Meter breit. Die extreme Schlankheit des Langbootes hielt den Wasserwiderstand gering und ermöglichte dadurch hohe Geschwindigkeiten – wichtig für den Überraschungseffekt der Strandhagg. Der geringe Tiefgang erlaubte es den Wikingern darüber hinaus, praktisch alle Gewässer bis ins Landesinnere zu nutzen, die Boote an jedem flachen Ufer zu landen und sie sogar auf Rollhölzern über Land zu ziehen.

Entscheidend jedoch für die Expansion über die Meere, die Eroberungen in Frankreich, Slawien und auf den Britischen Inseln war die Einführung des Segels. Obwohl die Skandinavier Meister im Bauen von Schiffskörpern waren, nutzten sie Segel erst auffallend spät. War es ihr Männlichkeitswahn, der sie das Rudern dem Segeln vorziehen ließ?

Wir wissen es nicht genau, aber mit Sicherheit waren die Wikinger stolz auf ihre Schiffe und investierten in deren Schönheit: Vergoldungen am Bug, geschnitzte Drachen- und Tierköpfe als Bug- und Heckspitze sowie farbige oder verzierte Segel waren keine Seltenheit. Über 500 poetische Umschreibungen für Schiffe kennt die skandinavische Dichtung, die Namen wurden meist aus der Tierwelt abgeleitet: *faxi byrjar* (Windpferd), *vargr haf«* (Wolf des Meeres) oder *ormr inn langi* (lange Schlange). Auf die Geschwindigkeit und die Schnittigkeit der Schiffe zielten Bezeichnungen wie *fifa* (Pfeil) oder *hárknífr* (Rasiermesser).

Eine Vorstellung von der baulichen Vielfalt der Wikingerschiffe vermitteln die Wracks im Wikingerschiffsmuseum von Roskilde (in der Nähe von Kopenhagen) – allesamt in der Bucht von Roskilde entdeckt. Das Museum restauriert nicht nur Originale, sondern baut die Schiffe auch nach. Die Forschungswerkstatt gleicht einer kleinen Werft. Etliche Wikinger-Nachbauten werden hier den Winter über an Land gezogen und aufgebockt.

Um ein kleines Kriegsschiff detailgetreu zu rekonstruieren, verwenden die dänischen Schiffsbauer nicht einmal eine Säge. Die Holzplanken werden mit Äxten und Keilen aus den Baustämmen getrieben – eine Technik, die sich die Bootsbauer erst wieder aneignen mussten. Die Planken sind dadurch wesentlich stabiler. Das Ergebnis ist die »Helge Ask«, ein Langboot, das mit Segeln vor Wind eine Höchstgeschwindigkeit von 14 Knoten (26 km/h) erreicht, beim Rudern immerhin noch 5,5 Knoten (10 km/h). Trotz seiner bis zu 30 Mann starken Besatzung hat es nur 60 Zentimeter Tiefgang.

Gern führen die Forscher mit ihrem Boot Expeditionen durch – beispielsweise die französische Küste entlang und

Wrackforschung und Unterwasserarchäologie

Wikingerschiffe bilden nur einen kleinen Teil der unzähligen Wracks, die auf dem Grund von Nord- und Ostsee liegen. Traditionelle Seefahrernationen wie Dänemark und die Niederlande haben ihre Seefahrtgeschichte samt Wracks genauestens untersucht.

Im Gegensatz dazu bildete die deutsche Nordseeküste in Sachen Wrackforschung bis vor wenigen Jahren einen weißen Fleck. Dabei gibt es kaum ein besseres Gebiet für Strandungen als das Nordsee-Watt: Die genaue Lage der auch bei Ebbe befahrbaren Wattströme und -priele war nur wenigen bekannt, aktuelle Karten gab es kaum. Viele Schiffe strandeten und wurden unter dem Schlick vergraben. Erst seit 1992 sammelt das Archäologische Landesamt Schleswig-Holstein systematisch Berichte über Schiffsuntergänge. Die Behörde bekommt außerdem viele Hinweise von Fischern, Seeleuten und Wattführern: Da und dort weise der Untergrund typische Besonderheiten auf! Über 600 Wracks, alles hölzerne Segler aus der Zeit von 1600 bis 1900, sind mittlerweile nachweisbar.

Als wrackreich gilt auch die Ostsee. Tausende von Schiffen sind in der tückischen »Baltischen See« gesunken, gestrandet oder versenkt worden. Weil die Taucherei in den Zeiten des Kalten Krieges streng verboten war, blieb der Meeresgrund vor der deutschen Ostseeküste bis zum Fall des Eisernen Vorhangs wenig erforscht. Gleich nach der Wiedervereinigung haben sich Archäologen jedoch zu Tauchern ausbilden lassen und suchen seitdem den Meeresgrund nach Schiffswracks und nach Siedlungen ab, die vom steigenden Meeresspiegel überflutet wurden.

dann die Seine hinauf bis nach Paris. Doch bei diesen Touren zeigen sich auch die Grenzen der Kriegsschiffe: Sie können zwar auf kurzen Strecken über die offene See fahren, sind allerdings kaum hochseetüchtig.

Anders dagegen der Meereskreuzer-Typ: Er nutzt mit tieferem Kiel, breiterem Rumpf und höheren Bordwänden das Potenzial von Mast und Segel wesentlich besser aus. Mit einer Kopie dieser Meeresschiffe gelang einem Norweger in zwei Jahren eine Weltumsegelung – besser als mit jedem wissenschaftlichen Experiment im Labor oder am Computer wurde dadurch die Seetüchtigkeit dieser Schiffe unter Beweis gestellt.

Der häufigste Schiffstyp im 10. und 11. Jahrhundert jedoch waren kleine, wendige Küstenfrachter. Der Nachbau eines Wracks aus Roskilde kann bei 14 Metern Länge vier Tonnen Fracht an Bord laden und unter Segeln acht Knoten (15 km/h) Fahrt erreichen. Mit diesen Booten brachten die Wikinger den Handel in den Küstenregionen der Nord- und Ostsee in Schwung.

Aus Raufbolden werden Kaufleute

Allmählich wurden die Nordmänner »zahm«, ließen sich in den von ihnen heimgesuchten Gebieten nieder und wurden zu friedlichen Händlern. Viele Orte verdanken ihnen ihre Existenz, etwa das englische York, das irische Dublin und das russische Nowgorod – was zahlreiche Ausgrabungen belegen.

Darüber hinaus haben die Kolonial-Wikinger Nordeuropa – von Großbritannien bis in die slawischen Gebiete hinein – zu einem großen Wirtschaftsraum verknüpft und den Handel nachhaltig angestoßen. »Die Wikinger bescherten uns die erste Währungsunion«, erklärt Michael Müller-

Wille. »Hacksilber, zu dem sie einen Großteil ihrer Beute zerkleinerten, war das erste in ganz Nordeuropa gültige Tauschmittel.«

Zu den Schätzen, die bei Grabungen und durch zufällige Entdeckungen aus der Wikingerzeit geborgen wurden, gehören neben Hacksilber-Depots aber auch über 16 000 Münzen. Die Hälfte davon stammt aus dem Handel mit arabischen Ländern. Sie sind Hinweise für die Handelsaktivitäten über die Wolga in die Mittelmeerregion. Erst gegen Ende des 10. Jahrhunderts – mit dem Aufkommen der Königsherrschaft – wurden Münzen auch in den Wikingerstädten selbst geprägt.

Neue Umschlagplätze für Waren und Beute mussten her. Ribe im heutigen Dänemark, Haithabu in Schleswig-Holstein und Birka in Schweden wurden gegründet. Seit Jahrzehnten werden diese großen Handelszentren von Ar-

Die Wikinger schufen die erste »europäische Währung«: Hacksilber, darunter arabische Münzen.

chäologen erforscht, und ein Ende dieser Forschungen ist derzeit nicht in Sicht.

Zentrum des nordeuropäischen Handels: Haithabu
Haithabu – erstmals 804 in den fränkischen Reichsannalen erwähnt – war im 10. Jahrhundert eine weitläufige und betriebsame Handelsstadt. Der Standort der Siedlung ist einmalig günstig: Der Landweg vom europäischen Festland nach Skandinavien passiert hier seine schmalste Stelle, die Schlei mündet in die Ostsee und die Nordsee ist über die Flüsse Eider und Trenne erreichbar. Trotzdem lag Haithabu geschützt im Landesinneren.

Obwohl Haithabu so gut versteckt liegt, war es rundum befestigt. Die Stadt sah ungefähr so aus, wie wir uns ein Fort der nordamerikanischen Kavallerie aus dem 19. Jahrhundert vorstellen: Während auf der Landseite ein bewehrter Wall die Siedlung schützt, ist auch das Hafenareal von einer im Wasser verlaufenden Holzpalisade mit Wehrtürmen umschlossen, und die Hafeneinfahrt wird sogar durch zusätzliche Türme gesichert. Der Halbkreiswall mit seinen Toren und die Hafenanlage mit Landestegen und einer massiven Holzpalisade wurden Mitte des 10. Jahrhunderts fertiggestellt – vermutlich als Gemeinschaftsleistung der Einwohner. Die Grundstücke verraten ebenfalls eine planerische Hand: In der ganzen Siedlung entstanden etwa gleich große Grundstücksflächen – ein Hinweis für eine Gesellschaft der Gleichen.

Seit Beginn des 20. Jahrhunderts wird auf der 24 Hektar großen Uferweide nahe Schleswig, die von einem äußerst auffälligen Ringwall umgrenzt wird, gegraben und geforscht – unterbrochen nur durch die Weltkriegszeiten. Seit 1963 finden die Grabungen in einer einzigartigen Beständigkeit statt, die vor allem einem Mann zu verdanken ist: Kurt Schietzel, dem Altmeister der Haithabu-Forschung. Er resümiert:»Wir wollten mit unserer Arbeit auf die Wurzeln stoßen, indem wir alle Details aufgenommen haben.« Solche Gründlichkeit hat ihren Preis: Nur fünf Prozent der Siedlungsfläche und ein Prozent der Hafenanlage wurden bisher ausgegraben, der Rest des großen Stadtgeländes wurde lediglich nach Kulturspuren durchsucht, die nahe an der Erdoberfläche lagen. Doch allein dieses Vorgehen erschloss viele 100 000 Funde, die im Magazin des Landesmuseums von Schleswig-Holstein eingelagert und von Studenten und Doktoranden ausgewertet wurden: So entstanden Studien wie *Die Glasfunde von Haithabu*, *Die Eisenschlacken von Haithabu* oder *Untersuchungen an Tierknochen aus dem Hafenareal*.

Die Funde beweisen: Für über zwei Jahrhunderte blühte der Handel mit Walrosszähnen und Bernstein aus dem Nordmeer, Eisenbarren, Specksteinkesseln und Knochenkämmen aus Skandinavien, slawischem Hängeschmuck und irischen Gürtelschnallen, iberischem Quecksilber und byzantinischen Bleisiegeln, Karneol und Bergkristallen aus der Schwarzmeerregion.

Während Handwerk und Handel boomten, wurden in der Stadt schon bald die natürlichen Ressourcen knapp: Die ersten Häuser waren an einem Bach errichtet worden, der jedoch schon innerhalb einer Generation zum Abwasserkanal verkam. Alle 15 bis 20 Jahre mussten die Häuser erneuert werden – länger konnten sie den Witterungsbedingungen nicht trotzen. Wie Kartenhäuser ließ man alte Gebäude zusammenstürzen. Ihr Material bildete das Fundament für die neuen Häuser. Für die Archäologen waren diese Haus-Schichten natürlich eine reine Freude, für die ehemaligen Haithabu-Einwohner eine Last. Während die ersten Häuser noch vollständig aus Holz bestanden, verfügten die jüngeren Häuser nur noch über geflochtene Wände. Sie waren billiger, denn das Holz der Umgebung wurde im Laufe der Siedlungszeit zusehends knapper.

Probieren geht über Studieren –
experimentelle Archäologie
Wie leistungsfähig waren die Wikingerschiffe in der Praxis? Wie wohnten die Steinzeitmenschen? Wie schmeckte das Bier der Ägypter?

Um auf diese Fragen zuverlässige Antworten zu bekommen, gibt es nur einen Weg: Ausprobieren! Die ersten archäologischen Experimente wurden schon im 19. Jahrhundert durchgeführt. So ließ der Skandinavier Frederik Sehested 1879 eine Blockhütte nur mit steinzeitlichen Werkzeugen errichten. Heute erstreckt sich das Feld der experimentellen Archäologie vom Schlagen der ersten Faustkeile bis zum Nachbau mittelalterlicher Burgen und Belagerungsmaschinen.

Der Archäologe Christian Maise schränkt jedoch ein: »Vieles, was heute im museumspädagogischen Tagesgeschäft ›experimentelle Archäologie‹ heißt, ist wohl eher nur ›Erlebnisarchäologie‹.« Etwa wenn im Sommer am Haithabu-Museum Mitarbeiter und Handwerker der Region Fladenbrot in einem nachgebauten Backofen herstellen, mit Gefäßen der Wikinger und nach ihren Methoden Bier (Met) ansetzen oder Glasperlen nach Wikingerart anfertigen. So wird den Besuchern zwar ein Bild vom Alltag dieser Zeit vermittelt – neue Erkenntnisse gewinnt die Archäologie daraus jedoch nicht mehr.

Diese Häuser boten wenig Schutz – wie die Archäologen in experimentellen Nachbauten herausfanden. Sie schützten vor allem gegen Wind und Nässe, weniger gegen Kälte. Im Schnitt erreichten die Innenräume nur eine Temperatur, die um etwa zwei Grad höher lag als die Außenwerte. Wundert es da, dass nur jedes dritte bis vierte Neugeborene das zehnte Lebensjahr erreichte, dass die Menschen ständig krank waren und dass sie im Durchschnitt gerade einmal 30 Jahre alt wurden?

Zu diesen Ergebnissen kommt der Osloer Anatom Per Holck, der Tausende von Skeletten aus der Wikingerzeit untersucht hat. Weitverbreitet war Skorbut, eine durch Vitamin-C-Mangel ausgelöste Krankheit. Sie beginnt mit Zahnfleischbluten, Gelenkschmerzen und allgemeiner Schwäche und kann bis zum Tod führen. Skorbut erkennen die Forscher daran, dass die Knochen von Armen und Beinen schwarz verfärbt und häufig auch die Gelenke verformt sind. Trifft die Verformung die Wirbelsäule, ist das ein sicheres Zeichen für Tuberkulose in weit fortgeschrittenem Stadium. Sehr häufig fanden die Forscher auch Knochenschwund. Außerdem litt ein Wikinger sein Leben lang an Zahnschmerzen. Die Ursache: kleinste Steine, die von den Mühlsteinen absplitterten, ins Mehl gerieten und mitverbacken wurden. Diese Steinchen rieben wie Schmirgelpapier den schützenden Zahnschmelz ab.

Gründe für die vielen Krankheiten waren neben der Kälte und schlechter Ernährung die mangelnde Hygiene. Ausgrabungen in Haithabu und anderen Wikingersiedlungen zeigen: Schächte für Brunnen und Latrinen lagen häufig so dicht nebeneinander, dass Krankheitskeime leicht überspringen konnten. Abfälle entsorgten die Wikinger auf den freien Flächen zwischen ihren Häusern. Sie kannten zwar schon die Sauna, doch ansonsten waren sie so wenig reinlich, dass der arabische Diplomat Ibn Fadlan nach einem Besuch der Wikingersiedlungen entlang der Wolga urteilte: »Die abstoßendsten und schmutzigsten Kreaturen Gottes!« Außerdem brachten die Wikinger von ihren Entdeckungs- und Raubzügen nicht nur Schätze mit, sondern auch Seuchenkrankheiten wie Typhus, Cholera und sogar Lepra.

Die Wikinger hörten einfach auf, Wikinger zu sein
Allerdings brachten nicht Krankheiten, sondern das Christentum den Untergang der Wikingerwelt. Um 850 war es dem Missionar Ansgar – später »Apostel des Nordens« genannt – gestattet worden, eine kleine Kirche in Haithabu zu errichten. Anfangs ließen die Wikinger noch nicht von ihrem Gott Wotan ab. Davon zeugen viele ausgegrabene Amulettschmuckstücke, die sowohl mit Wotans Hammer als auch dem christlichen Kreuz verziert sind. Langfristig setzte sich jedoch das Christentum durch – mit einer tiefgreifenden Konsequenz: »Mit der Taufe hörten die Wikinger einfach auf, Wikinger zu sein«, erklärt der französische Wikinger-Experte Regis Boyer.

Vor der Christianisierung waren Könige aus den Reihen der Freien erhoben worden, konnten jedoch bei Versagen jederzeit wieder gestürzt werden. Nun aber herrschten die neuen Könige mit christlichem Segen und mussten ihren Machtanspruch nicht mehr jedes Mal neu erwerben, sondern konnten ihn auf den Sohn vererben. Mitte des 10. Jahrhunderts nahmen die dänischen Könige das Christentum an, die schwedischen folgten gegen Ende dieses Jahrhunderts. Zunächst erstreckte sich ihre Macht nur über kleine Gebiete, etwa von der Größe heutiger Landkreise. Allmählich aber entstanden in der späteren Wikingerphase aus den Stammesgruppen und kleinen Königtümern die drei großen Königreiche Dänemark, Schweden und Norwegen.

Es waren die Konflikte zwischen den neuen skandinavischen Herrschern, die vielerorts den Untergang der Wikingerkultur herbeiführten – auch in Haithabu. Das bereits erwähnte, vor Haithabu geborgene Wrack eines Langbootes, mit dem die Stadt angegriffen worden war, ist ein Zeugnis für deren Ende im 11. Jahrhundert. Denn die Untersuchung des Holzes ergab: Das Schiff stammte aus Dänemark. Den Beweis dafür lieferten Buchenpollen, die die Forscher aus dem Abdichtungsmaterial des Schiffes geborgen hatten – Buchen kamen zu dieser Zeit nur im südlichen Skandinavien vor. Dazu ergaben C-14-Analysen an dem Wrack, dass das Schiff um das Jahr 1066 gesunken war. Aus den Brandspuren schlossen die Forscher, dass das Schiff mit größter Wahrscheinlichkeit als Rammbock oder als brennende Palisade gedient hatte, die von den Angreifern gegen die Hafenbefestigung getrieben worden war. Mit Erfolg – in dieser Zeit endete die Besiedlung von Haithabu.

Obwohl Wikingerstädte wie Birka und Haithabu aufgegeben wurden, blieb der lebhafte Handel in Nord- und Ostseeraum bestehen. Die Hanse führte das Erbe fort, an die Stelle des Wikingerschiffs traten die bauchigen Koggen.

KAPITEL 13

Moorleichen und Eismumien

*Archäologen auf der Spur von Mooropfern
und längst verjährten Verbrechen*

6. September 2000. Eine Torfstechmaschine arbeitet sich durch das Große Uchter Moor, 25 Kilometer östlich des Dümmersees in Niedersachsen. Als ein Arbeiter die Torffladen von 80 Zentimeter Länge aufschichtet, stockt ihm plötzlich der Atem. Die Maschine hat nicht nur den Torf zerstückelt, sondern auch eine menschliche Leiche. Ein Fuß, ein offener Brustkorb, Hautlappen und Haare ragen aus den Torfstücken. Er ruft die Polizei, die Beamten stellen an der Fundstelle weitere Leichenteile sicher und beginnen mit ihren Ermittlungen.

Der erste Verdacht: Die Polizei hatte zehn Jahre zuvor ganz in der Nähe Überreste von US-Piloten geborgen, die hier mit ihrem Kampfflieger im Zweiten Weltkrieg abgestürzt waren. Gehörte diese Leiche auch dazu? Die erste rechtsmedizinische Untersuchung ergab allerdings: Die Leiche stammt von einer 16 bis 20 Jahre alten Frau, die ohne jetzt noch erkennbare Spuren von Gewaltanwendung gestorben ist.

Sofort ergab sich ein neuer Verdacht: Ende der 1960er

Jahre verschwand in der Region ein 16-jähriges Mädchen, dessen Schicksal nie aufgeklärt wurde. Die Beamten wollten sichergehen: Die Mutter des Mädchens lebte noch. Also veranlassten sie, deren DNA an der Universität Göttingen mit der DNA der Leiche zu vergleichen. Das Ergebnis: negativ – keine Übereinstimmung.

Die Fahnder tappten im Dunkeln – bis im Frühjahr 2005 die Torfarbeiter an derselben Stelle eine weitere Entdeckung machten: eine stark mumifizierte Hand. Viereinhalb Jahre nach dem ersten Fund kam der Polizei ein neuer Verdacht, und sie riefen im Landesmuseum Niedersachsen an: »Wer ist eigentlich bei Ihnen für Moorleichen zuständig?«

Das Mädchen aus dem Uchter Moor

Kurz darauf schauten sich die Archäologen das Objekt an. »Die Hand sah aus wie eine zierliche Frauenhand in einem Lederhandschuh«, erklärt Landesarchäologe Andreas Bauerochse, »man konnte sogar noch die Fingerabdrücke nehmen.« Anschließend fuhren sie zum Fundort. Nicht nur die Hand war stark mumifiziert, auch die Umgebung des Fundes deutete auf ein hohes Alter hin. Der Archäologe erklärt: »Dort lag heller Torf, der mit dunklen Partikeln verbunden war. Diesen Übergangshorizont haben wir im 1. Jahrtausend v. Chr. – bedingt durch Klimawandel.« Diese Bodenschicht markiert die Zeit um 400 v. Chr., als es plötzlich kälter wurde in Europa und die Pflanzen, die besser mit diesem Wandel klarkamen, die bestehende Vegetation ablösten.

Zunächst wurde die Leiche als ein Mädchen von 16 bis 18 Jahren identifiziert – doch Zahnmediziner korrigierten: 18, 19 Jahre, da die Wurzelbildung der Weisheitszähne bei Eintritt des Todes schon abgeschlossen war. Proben von einem der Oberschenkelknochen wurden an das C-14-Labor der Universität Kiel geschickt. Dort bestätigte man das Alter. Die Leiche stammt aus der Zeit um 650 v. Chr. Damit ist sie die älteste Moorleiche Norddeutschlands. Die Archäologen haben durch sie die einmalige Chance, mehr über die damaligen Lebensbedingungen zu erfahren. Wie lebten die Menschen zu dieser Zeit? Wovon ernährten sie sich? Woran erkrankten sie?

Aber werden sie auch die Hauptfrage lösen können: Wie kam das Mädchen in das todbringende Moor? War sie eine Selbstmörderin oder wurde sie in das Moor getrieben? War sie auf der Flucht oder ist sie beim Sammeln von Nüssen und Vogeleiern vom Weg abgekommen? Der Archäologe Alf Metzler, der die Grabungen im Uchter Moor leitet, könnte sich auch vorstellen: Das Mädchen war eine angehende Kräuterhexe, die in den Sumpf gegangen war, um Trunkelbeeren zu sammeln. Diese Blaubeeren-Art hat eine berauschende Wirkung und wurde deshalb vor Ritualen gegessen. War das Mädchen bei der Beerensuche vom Weg abgekommen und im Moor versunken?

Rückblickend stellte sich zum Fund des Mädchens aus dem Uchter Moor auch die Frage: Hat die Polizei zu lange gewartet, bevor sie die Archäologen einschaltete? Nein, erklärt Andreas Bauerochse. »Eine 40 Jahre alte Moorleiche sieht genauso aus wie eine 2000 Jahre alte.« Außerdem hatte niemand mit der Entdeckung gerechnet: Es war die erste in Norddeutschland seit 50 Jahren, so lange war man auf keine Moorleiche mehr gestoßen. Das liegt daran, dass nur noch wenig Torf gestochen wird und dass man hierfür auch nur noch Maschinen benutzt. So ist es eher Zufall, wenn heutzutage noch Leichenteile entdeckt werden.

Das war früher ganz anders. Seit dem 17. Jahrhundert

und dann für rund 300 Jahre nutzten die Menschen im Norden Europas die ihnen bis dahin unheimlichen Moore. Sie verwandelten sie in landwirtschaftliche Nutzflächen, indem sie die Sümpfe durch Kanäle trockenlegten oder die Moorflächen abbrannten. Oder sie bauten den Torf mit Spaten ab, um ihn als Brennmaterial oder Dünger für den Gartenbau zu verkaufen. Dabei stießen die Torfarbeiter immer wieder auf Gefäße, Schmuck und ganze Waffenlager. Aus dieser Zeit sind auch die ersten Funde von Moorleichen überliefert: 1640 bei Schulkholz in Schleswig-Holstein, 1645 nahe dem englischen Yorkshire und 1654 im Rheenschen Veen bei Utrecht in den Niederlanden.

Schon damals waren die Menschen über diese Entdeckungen nicht nur erschrocken, sondern auch fasziniert von dem guten Erhaltungszustand der Körper. Im Mai des Jahres 1674 wurden im Moor der englischen Grafschaft Derbyshire die Leichen eines Paares geborgen. Der Mann und die Frau hatten im Jahr zuvor versucht, das Moor zu durchqueren, und waren umgekommen. Da niemand ein

Viele, zu viele Moorleichen
Nach einer Zählung des deutschen Archäologen Alfred Dieck aus dem Jahr 1965 wurden in den Jahrhunderten des Torfabbaus insgesamt über 1850 Moorleichen registriert, 655 allein in Niedersachsen. Ganz schön viel – vielleicht zu viel, fanden kritische Forscher. Mitarbeiter des Niedersächsischen Denkmalamtes haben nun die Fundakten überprüft: Nur 63 der angeblich 655 Funde ließen sich bestätigen. Niemand weiß, warum Dieck die Zahl der Funde auf das Zehnfache aufblies.

teures Begräbnis für sie bezahlen wollte, wurde das später so benannte »Paar von Hope« nahe dem Fundort im Moor beigesetzt. Doch den Anwohnern ging dieses Grab nicht aus dem Kopf, 29 Jahre später wurde es geöffnet. Die Leichen waren nicht verwest. Sie hatten sogar noch ihre helle, natürliche Farbe – als wäre das Paar gerade erst gestorben. In den folgenden Jahren wurde das Grab von Neugierigen immer wieder geöffnet. Das ist Störung der Totenruhe, erklärte schließlich der Pfarrer von Hope und ließ die Leichen 1724 in ein normales Grab umbetten. »Ich war selbst so neugierig, an den Platz zu gehen, um zu sehen, wie die beiden ausgegraben werden«, schrieb er später. »Ich habe damals den großen Zeh des Mannes gehalten und versichere, dass er massiv und fest war wie alle anderen Körperteile.«

Weich wie Gummibärchen

Warum verwesen die toten Körper in den Mooren nicht? Moore bilden von Irland über Schottland, die nordöstlichen Niederlande, Niedersachsen, Südschweden bis ins Baltikum hinein einen breiten Landschaftsgürtel in Nordeuropa. Nach der letzten Eiszeit waren hier zunächst bewaldete Seenlandschaften entstanden – ähnlich wie wir sie heute noch von der Mecklenburgischen Seenplatte kennen. Im 5. Jahrtausend v. Chr. begannen die Seen zu versumpfen, weil in ihnen Wasserpflanzen so üppig gediehen, dass die abgestorbenen Pflanzen nicht mehr von den Mikroorganismen abgebaut werden konnten. Torf lagerte sich Schicht für Schicht am Boden ab.

In den nordöstlichen Niederlanden und in Niedersachsen verwandelten sich ganze Landstriche in Moore – Hochmoore, um genau zu sein. Denn wie ein aufkochender Grießbrei quollen die Moore über die normale Uferhöhe hinaus und verloren den Kontakt zum Grundwasser. Sie wurden jetzt nur noch von nährstoffarmem Regenwasser gespeist, nur Torfmoose konnten noch darin gedeihen. Starben diese ab, wurde das Kohlenhydrat Sphagnan freigesetzt, das sich langsam zu brauner Humussäure umwandelte. Humussäure bindet Calcium und Stickstoff an sich. Das heißt: kein Sauerstoff, kein Stickstoff, kein Calcium – in diesem Milieu kann kein Mikroorganismus leben, organische Stoffe, die ins Hochmoor fallen, werden nicht zersetzt. Haut, Haare, Nägel, Gehirn und Eingeweide blieben in Hochmooren erhalten, aber auch Wolle, Felle und Leder. »Frisch geborgene Moorleichen sind weich und dehnbar wie Gummibärchen«, so der Archäologe Bauerochse, »an der Luft jedoch trocknen sie schnell aus und erstarren dann.«

Lookalike-Wettbewerb für eine Moorleiche
Aus welcher Zeit stammen die Moorleichen? Vereinzelt gelangten sie schon im Neolithikum, also in der jüngeren Steinzeit, ins Moor, doch hauptsächlich datieren sie vom Ende der Bronzezeit bis zur Römischen Kaiserzeit. Inzwischen wurde ein Großteil der erhaltenen Moorleichen mithilfe medizinischer und naturwissenschaftlicher Methoden genau untersucht.

»Roter Franz« lautet der Spitzname von Niedersachsens berühmtester Moorleiche. Sie wurde im Jahr 1900 im emsländischen Neu Versen entdeckt und ist der Publikumsmagnet des Niedersächsischen Landesmuseums in Hannover. »Rot« heißt Franz wegen seiner Haarfarbe, die jedoch auf die Einwirkung des Moores zurückgeht. Eine C-14-Analyse hat ergeben, dass Franz um 300 n. Chr. gestorben ist. Gut 1700 Jahre nach seinem Tod landete er auf dem

Obduktionstisch des Gerichtsmedizinischen Instituts der Medizinischen Hochschule Hannover. Im Abschlussbericht heißt es: Die Person war männlich, 25 bis 30 Jahre alt, 1,80 Meter groß. Obwohl die Haut des Opfers stark verformt ist, entdeckten die Mediziner Hinweise auf eine Schnittwunde im Halsbereich und eine Verletzung am Schlüsselbein, die von einer Klinge herrühren könnte. »Dem Untersuchten wurde offensichtlich die Kehle durchgeschnitten«, urteilt Gerichtsmediziner Detlef Günther.

Darüber hinaus wurden die Mediziner auf bereits verheilte Veränderungen an den Knochen von Franz aufmerksam: Bei der Schädigung des rechten Schultergelenkkopfes muss es sich um eine Kriegsverletzung handeln, die von einem Pfeil oder einer Lanze herrührt. Ein Bruch des Schlüsselbeins könnte auf einen Sturz vom Pferd zurückgehen, denn Verformungen der Oberschenkel deuten darauf hin, dass er viel geritten sein muss. Das größte Geheimnis um den Roten Franz konnten die Wissenschaftler allerdings noch immer nicht lüften: Warum wurde der Reiterkrieger mit durchgeschnittener Kehle im Moor bestattet? War er vom Gegner tödlich verletzt worden? Wurde er hingerichtet oder geopfert?

Ein anderes Rätsel dagegen haben die Forscher gelöst: Wie der Kopf des Roten Franz zu Lebzeiten aussah, konnte im Jahr 2002 rekonstruiert werden. Mithilfe einer Computertomographie wurde eine dreidimensionale Simulation erstellt, die in ein Kunststoffmodell umgesetzt wurde. Erfahrene Plastiker modellierten das Gesicht. Resultat: Sein Gesicht ist unauffällig, seine Haare waren im Stil »Samurai« geschnitten: im Nacken kurz, mit einem Zopf darüber. Der Rote Franz könnte sich heute ohne Aufsehen zu erregen durch die Hannover'sche Fußgängerzone bewegen.

Nicht so das »Mädchen von Yde« – eine 2000 Jahre alte, gut erhaltene Moorleiche aus der niederländischen Provinz Drenthe. Ihr Gesicht wurde bereits 1991 minutiös rekonstruiert. Doch die Betrachter waren skeptisch: Das lange blonde Haar (nachgewiesen) und die blauen Augen (nicht nachgewiesen) waren ja noch nachvollziehbar, doch konnte ein 16-jähriges Mädchen eine so hohe Stirn haben? Die niederländischen Archäologen wollten es genau wissen: Sie veranstalteten einen Lookalike-Wettbewerb. Siegerin wurde eine junge Frau, die dem Mädchen von Yde so sehr ähnelte, dass sie es gut hätte doubeln können.

Doch mit Sicherheit ist das heutige Mädchen von Yde gesünder als ihre Vorgängerin. Denn diese litt – das ergaben Röntgenaufnahmen – an einer starken Verkrümmung der Wirbelsäule, idiopathische Skoliose genannt, die den Brustkorb und das Kreuzbein in Mitleidenschaft zog. Wahrscheinlich war ihr rechter Fuß beim Laufen nach innen gedreht. Auch zahlreiche andere Moorleichen weisen an ihrem Skelett Unregelmäßigkeiten auf. Eine Frau litt damals bereits im Alter von 30 Jahren unter Knochenschwund (Osteoporose), und die Därme der meisten Moorleichen waren zu Lebzeiten von Parasiten befallen.

Bestattet, hingerichtet oder geopfert?

Dem Roten Franz wurde die Kehle durchgeschnitten und das Mädchen von Yde hatte einen Strick um den Hals. Stimmt also, was der römische Autor Tacitus in seinem Bericht über die Germanen im 1. Jahrhundert n. Chr. erzählte: »Verräter und Überläufer hängen die Germanen an Bäume; Feiglinge, Kriegsscheue und Schandkerle ertränkt man in Moor und Sumpf.« Tacitus war jedoch kein parteiloser Beobachter, sondern Vertreter einer Eroberungsmacht. Außer-

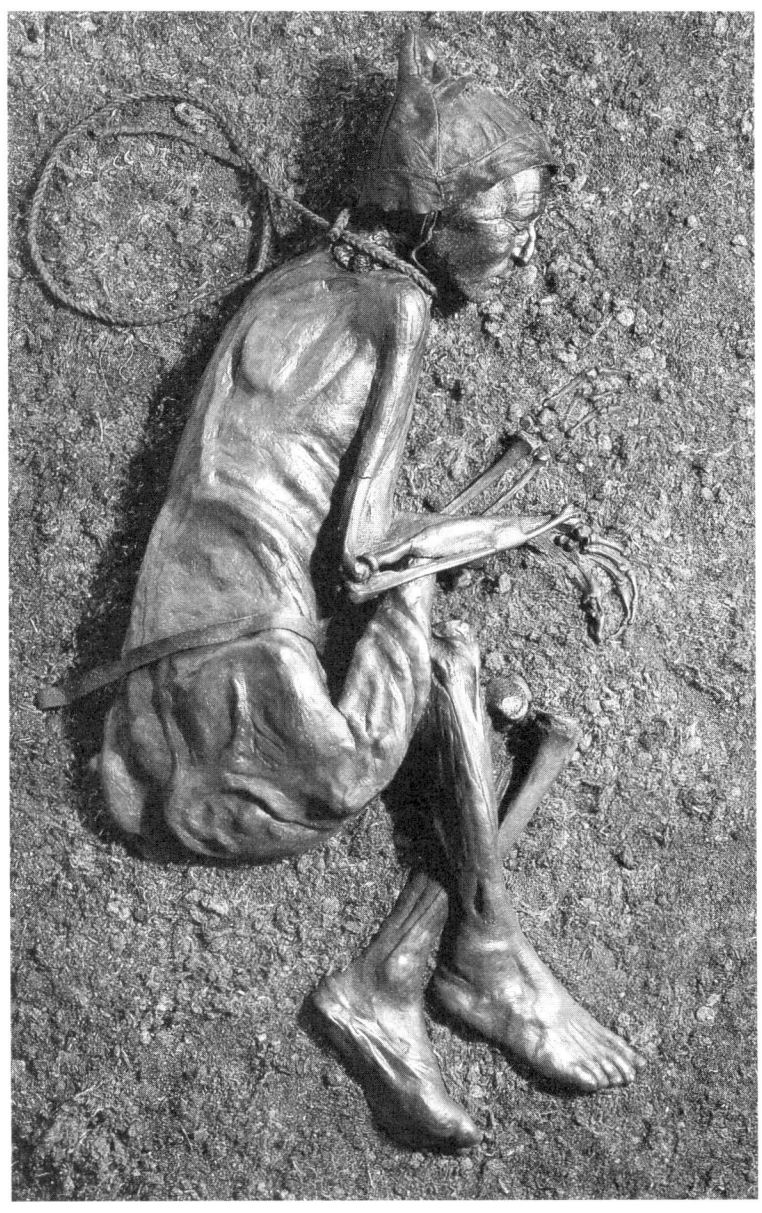

Gerichtet oder geopfert? Der »Tollund-Mann« – benannt nach seinem dänischen Fundort.

dem finden sich viel weniger Hinweise von Gewalttaten, als häufig dargestellt. Beispielsweise weisen von den 46 in den Niederlanden geborgenen Moorleichen nur sechs oder sieben eindeutige Merkmale eines gewaltsamen Todes auf – das sind lediglich 14 Prozent.

In den letzten Jahren hat sich in der Wissenschaftler-Welt die Opfertheorie durchgesetzt – so der niederländische Moorleichen-Experte Wijnand van der Sanden: »Viele der Moorleichen müssen als Menschenopfer interpretiert werden. Denn die Moore bilden Plätze, an denen man versuchte, Kontakt mit dem Übernatürlichen aufzunehmen.« Mit der Übergabe der kostbaren Opfer wurde dieser Kontakt besiegelt. Aus Angst vor Wiedergängern, also Toten, die im Jenseits keine Ruhe finden, wurden viele Moorleichen außerdem am Grund mit Hölzern festgepflockt.

Wer waren die Menschen, die nicht nur ihre Zeitgenossen, sondern auch verschiedenste Gegenstände dem Moor als Opfer darbrachten? Im frühen Neolithikum (4. und 3. Jahrtausend v. Chr.) fand eine Art Wettrennen statt zwischen den Menschen, die auf Sandflächen am Rande der Moore siedelten und immer mehr Platz für Ackerbau und Viehzucht benötigten, und den sich ausbreitenden Mooren. Es ist daher wenig verwunderlich, dass genau in diese Zeit eine Hochphase der Mooropferungen fällt. Neben Feuersteinen, Tier- und Geweihopfern finden sich aus dieser Zeit Wagenräder für die typischen Moorkarren und prachtvolle Tongefäße, die vermutlich mit Getreide gefüllt waren. Bereits im 4. Jahrtausend v. Chr. durch die Moore gebaute Bohlenwege zeigen jedoch auch, dass die öde Landschaft in das menschliche Leben mit einbezogen wurde.

Die Menschen der folgenden Bronzezeit (etwa 2100 bis 750 v. Chr.) legten beim Opferkult mehr Wert auf leblose, aber sehr kostbare Gegenstände wie Werkzeuge, Waffen und Schmuck aus Metall. In der sich anschließenden Eisenzeit warfen die Germanen kostbarste Opfergaben wie spiralförmige Halsbänder aus Gold und zahlreiche römische Münzen ins Moor, außerdem Menschen und häufig auch Waffen. Hin und wieder als Beschwörung für einen bevorstehenden Kampf, häufiger jedoch wurden erbeutete Waffenarsenale einfach komplett versenkt. Über 30 solcher Plätze sind allein in Südskandinavien und Schleswig-Holstein bekannt, an denen Waffen unbrauchbar gemacht und ins Moor geworfen wurden.

Zu Beginn des Mittelalters wurden auch die Anwohner der Moore zu Christen, die Mooropferungen hörten allerdings nicht auf. Sie nutzten weiter die alten Kultplätze – bis die Sumpflandschaft ab dem 17. Jahrhundert weitgehend trockengelegt wurden.

Während heute die Moore als Fundorte immer mehr ausscheiden, öffnet ein anderes gewaltiges Naturarchiv seine Pforten. Weil sich das Klima erwärmt, schmelzen die Gletscher der Alpen ab und geben so manche Überraschung frei. Allein am Wildhord-Schmiedejoch in den Ötztaler Alpen sind in den letzten Jahren über 300 Funde geborgen worden. Das reicht von Schuhen und Kleidung aus der Zeit um 3000 v. Chr. bis zu römischen Münzen. Doch kein Fund ist in seiner Bedeutung mit »Ötzi« vergleichbar.

Der Ötzi-Krimi – wer ist der Tote aus dem Eis?
19. September 1991 in den Ötztaler Alpen. Als Erika und Helmut Simon bei ihrer Wanderung das Tisenjoch am Fuße des Similaun-Gletschers passieren, entdecken sie im schmelzenden Eis eine Leiche. Sie benachrichtigen die Bergwacht, die den Körper wegen schlechten Wetters erst vier Tage

später bergen und in die Gerichtsmedizin Innsbruck bringen kann. Dort erkennt man, dass es sich nicht um einen verunglückten Bergsteiger oder einen Soldaten aus einem der beiden Weltkriege handelt. Der Urgeschichtler Konrad Spindler wird gerufen und begutachtet die Befunde, darunter ein Feuersteindolch und ein Kupferbeil. Spindlers Urteil: »Mindestens 4000 Jahre alt.«

Nun begann ein Rummel ohnegleichen um die Eismumie, die schon bald den liebevollen Spitznamen »Ötzi« erhielt. Zunächst blieb der Gletschermann in Österreich und wurde an der Universität Innsbruck eingehend untersucht, doch auch Italien beanspruchte den Fund der Mumie für sich. Also wurde die Grenze zwischen Österreich und Italien an der Fundstelle neu vermessen. Tatsächlich lag Ötzi 92,56 Meter weit auf italienischem Gebiet: Ötzi ist ein Südtiroler, und seine Leiche wurde deshalb von Innsbruck in das italienische Bozen überstellt.

Anfangs waren allerdings immer wieder auch Stimmen zu hören: Ötzi ist eine Fälschung! Um diesen Vorwurf zu widerlegen, wurde er schon bald zur besterforschten Mumie Europas. Rund 100 Proben wurden bis heute von ihm genommen. Man sollte annehmen, dass die Forscher alles Wissenswerte über Ötzi herausgefunden haben – außer seinem richtigen Namen. Denkste! Immer wieder ändern kleine Details alles.

Was steht denn nun wirklich unumstößlich fest? Der Mann ist echt, stammt vom Similaun-Gletscher, war 1,60 Meter groß, wog rund 50 Kilogramm, hatte dunkelbraunes Haar und blaue Augen. In vier unabhängigen C-14-Laboren wurden Proben datiert: Ötzi lebte in der Zeit um 3350 bis 3100 v. Chr., vermutlich entstammt er der Welt der Pfahlbau-Siedlungen. Er war 45 oder 46 Jahre alt – und für dieses Alter schon ziemlich krank: Ötzi hatte einen kaputten Rücken und verkalkte Arterien. Seine Lungen waren schwarz wie bei einem Kettenraucher – das kam vom Ruß offener Feuer in Höhlen und Häusern ohne Kamin. Sein Darm wurde von Parasiten gepeinigt, die für eine chronische Entzündung sorgten und seine Haut weist zahlreiche Tätowierungen auf – beispielsweise drei parallele Linien. Selbst seine letzte Mahlzeit konnten die Wissenschaftler bestimmen: Sie bestand aus Hirsch- und Steinbockbraten, Schlehenmus und Einkornbrei.

Doch schon die Frage, warum der Körper 5300 Jahre überdauerte, gibt Rätsel auf. Ötzi wird gern als eine Glet-

---

Die Welt der Pfahlbau-Siedlungen

Um 4000 v. Chr. hatten sich an den Seen rund um die Alpen Pfahlbau-Siedlungen ausgebreitet: von Südfrankreich im Westen bis nach Slowenien im Osten, von Niederitalien im Süden bis Süddeutschland im Norden. Nach der Ufersiedlung Horgen-Scheller am Zürichsee wurde der »Horgener Kulturkreis« benannt. Er verbreitete sich zwischen 3300 bis 2800 v. Chr. in der Schweiz und in Süddeutschland. Die an Seeufern siedelnden Menschen lebten überwiegend von Viehzucht und Ackerbau. Früher nahm man an, die Menschen hätten ihre Hütten mitten im Wasser auf Pfählen errichtet. Doch neue Forschungen ergaben: Die Hütten standen am Ufer, die erhöhte Lage sollte nur vor Hochwasser schützen. Ihre Gefäße aus Ton verzierten sie mit gräten- oder halbkreisförmigen Mustern, mit durchlochten Rändern und gepunkteten Figuren. Darüber hinaus fertigten sie Gefäße aus hohlen Baumstämmen, Steinäxte sowie Messer mit Feuersteinklingen.

Die bestuntersuchte Mumie der Welt – Ötzi auf dem OP-Tisch.

schermumie bezeichnet – das aber ist falsch. Wäre er in eine Gletscherspalte gefallen, hätten ihn die gewaltigen Kräfte des Eises zermalmt. Aber auch wenn er auf dem Eis gestorben wäre, hätte ihn die Gletscherbewegung abtransportiert, er wäre aufgetaut und verwest. Ötzi aber kam in einer eisfreien Mulde zu liegen. Was dann geschah, erklären sich die Wissenschaftler so: Niedrige Temperaturen und starker Wind führten dazu, dass der Körper einerseits austrocknete, andererseits langsam gefror – ähnlich wie beim Gefriertrocknen, beispielsweise bei der Herstellung von löslichem Kaffee. Aber eben doch nicht ganz so, denn in der Leiche blieb immer noch ein Rest der körpereigenen Flüssigkeit. Deshalb nennen die Forscher Ötzi eine »Feuchtmumie«.

Inzwischen war er von Schnee bedeckt, gleichzeitig wurde es in Mitteleuropa (um 3300 v. Chr.) plötzlich kälter.

Schließlich überlagerte eine rund 20 Meter dicke Eisschicht Ötzis Mulde. Ende des vergangenen Jahrhunderts stiegen die Temperaturen jedoch wieder, bis 1991 die Eisschicht ganz wegtaute.

Doch wie war der Mann überhaupt ins Tisenjoch gekommen: War er ein Bauer oder Jäger gewesen, der sich verirrt hatte? Ein Bote auf prähistorischen Alpenpfaden? Oder hatte er sich auf der Flucht befunden – vor Rivalen oder gar einer Naturkatastrophe?

Ötzi, der Jäger und Hirte?

Rund fünf Jahre nach der Entdeckung Ötzis konnten die einzelnen Erkenntnisse zu einer ersten Gesamtsicht zusammengetragen werden. So ließ die Zeitschrift *GEO* Ötzi und seine Ausrüstung in einem lebensgroßen Modell aufwendig rekonstruieren. Da Ötzis Gesicht stark eingedellt war – man glaubte damals noch, vom Gletschereis –, wurden Kriminologen beauftragt, Kopf und Gesicht zu rekonstruieren.

Fazit der Bemühungen: Ötzi war ein Hirte und Jäger mit perfekter Ausrüstung zum Überleben im Hochgebirge. Neben einer Bärenfellmütze und Leggins aus Leder trug er unter einem Grasgeflechtumhang einen Mantel aus Ziegenfell, dessen schwarz-weiße Streifen fein vernäht waren. Seine Schuhe waren mit Gras gefütterte Klettersandalen: Sohle und Oberleder waren mit einem Fußnetz verknüpft. Er führte auch Zunderschwamm und Pyritkristalle mit sich, die zum Feuerschlagen dienten. Ein Hirte und Jäger des 4. Jahrtausends v. Chr. im Hochgebirge?

Die österreichischen Ur- und Frühgeschichtler waren skeptisch, machten sich auf die Suche nach möglichen Lagerplätzen frühzeitlicher Jäger und wurden tatsächlich fündig: Die Hochalpen waren schon vor Ötzi von Menschen genutzt worden. Auf dem Ullafelsen beispielsweise, einem geschützten Felsplateau (1869 Meter) in den nördlichen Stubaier Alpen, legten sie Fundschichten mehrerer Jagdgruppen der Mittelsteinzeit frei. Die Holzkohle dreier Feuerstellen konnten sie auf die Zeit 9000 bis 7700 v. Chr. datieren. In deren Umkreis fanden sie über 2800 Gegenstände – zum großen Teil Pfeilspitzen und Abschläge, die beim Schärfen entstanden waren. Die Täler waren zu jener Zeit dicht bewaldet – für die Jagd also weniger interessant. In den höher gelegenen Baumgrenzbereichen ließ sich dagegen Jagdbeute nicht nur besser verfolgen, das Wild war auch zahlreicher. Denn dort lockten saftige Gräser und schmackhafte Sträucher.

Nur für Ötzi trifft all dies nicht zu. Sein Bogen war nicht gebrauchsfähig, zehn von zwölf Pfeilen hatten keine Spitzen und keine Federn. Gejagt hat er mit Sicherheit nicht!

Ötzi, der Handlungsreisende?

Je mehr die Wissenschaftler Ötzis Ausrüstung unter die Lupe nahmen, desto klarer wurde: Der Gletschermann war nicht nur gut ausgestattet, er führte auch kostbares Tauschgut mit sich. Unter den Gegenständen, die er in seiner Gürteltasche aus Leder aufbewahrt hatte, befanden sich auch sechs Klingen aus Feuerstein. In diesem Feuerstein sind winzige Fossilien eingeschlossen – solches Material kann nur aus einer bestimmten Mine am Gardasee stammen.

Nachdem die Forscher Ötzi zunächst für einen Hirten und Jäger gehalten hatten, sahen sie seit 1999 in ihm einen jener Fernhändler, die die südlichen und nördlichen Alpensee-Siedlungen miteinander verbanden. Dafür spricht auch ein weiterer Gegenstand, den Ötzi mit sich führte: das Kupferbeil. Kupfer musste bei hoher Temperatur gegossen werden (s. Kapitel 11) und war deshalb noch ein seltener und kostbarer Werkstoff. Warum sollte ein einfacher Hirte und Jäger mit Pfeil und Bogen, etlichen Messern und einem wertvollen Kupferbeil unterwegs sein?

»Wenn Ötzi kein verirrter Hirte oder Jäger war, dann kann er einer der Kuriere gewesen sein, die die Alpen ständig überquerten«, urteilte damals auch Helmut Schlichtherle vom Landesdenkmalamt Baden-Württemberg. In Süddeutschland stoßen die Archäologen immer wieder auf Funde aus dieser Zeit, die sich eindeutig als Importe aus Regionen südlich der Alpen identifizieren lassen. Und umgekehrt verweist Keramik aus Süddeutschland, die bis Verona verbreitet war, auf den intensiven Austausch. Der Kontakt in das heutige Italien verlief bereits im 4. Jahrtausend durch die Zentralalpen über eine bestimmte Route: Oberer Donauraum – Bodensee – Alpenrhein – Zentralalpen – Etschtal – Südtirol.

Allerdings hielt die These »Ötzi, der Handlungsreisende« gerade einmal zwei Jahre. Denn nun stießen die Wissenschaftler auf eine ganz andere Fährte.

Ötzi, der ermordete Schamane?

Bei einer Röntgenuntersuchung im Jahr 2001, zehn Jahre nach Ötzis Fund, entdeckte der Radiologe Paul Gastner einen Schatten unter dem Schulterblatt. Er entpuppte sich als eine Pfeilspitze, die in die linke Schulter eingedrungen und dort stecken geblieben war. Nun, da ein Anfangsverdacht bestand, wurde nach weiteren Indizien gesucht. Tatsächlich fanden sich weitere Verletzungen an der rechten Hand. Außerdem weist Ötzi Deformierungen in der rechten Gesichtshälfte auf – vermutlich wurde auf ihn eingeschlagen. Nicht einfach so, er wurde grün und blau geschlagen. Außerdem hielt er zum Zeitpunkt seines Todes sein Messer in der Hand. Nach 5300 Jahren fanden sich noch Blutspuren an der Waffe: Genetische Spuren von vier verschiedenen Menschen konnten die Wissenschaftler identifizieren.

Aus alldem ergibt sich folgendes Bild: Ötzis Alter und seine Tätowierungen weisen ihn als einen besonderen Mann aus. Er war vermutlich der Dorfälteste, vielleicht ein Schamane. Schamanen besitzen besondere Fähigkeiten und geheimes Wissen, sie heilen mit Kräutern und rituellen Handlungen die Mitglieder ihres Stammes. Ötzi wurde zu dieser schon riskanten Jahreszeit auf den Gletscherpfad gelockt. Dort oben wurde ihm ein Hinterhalt bereitet – mindestens drei Gegner haben ihn angegriffen, vielleicht waren es sogar junge Männer aus seinem Dorf. Auf jeden Fall muss der Kampf in der Nähe der Stelle stattgefunden haben, wo Ötzi gefunden wurde. Denn es ist ausgeschlossen, dass er sich mit seinen Verletzungen und dem Pfeil im Rücken dort hoch geschleppt haben kann. Man ließ den Schwerverletzten zurück, und dann passierte, was Ötzi zur berühmten Feuchtmumie werden ließ.

Aber auch diese Überlegung weist einige Schwächen auf. Die Tätowierungen beispielsweise könnten auch Spuren vieler medizinischer Behandlungen auf Körperstellen sein, von denen die Menschen glaubten, sie seien besondere Energiepunkte. Noch heute führen Schamanen in Afrika solche Eingriffe an bestimmten Stellen des Körpers mit pulverisierter Holzkohle durch. Bei weiteren Gentests stellten italienische Mediziner fest, dass Ötzi vermutlich unfruchtbar war. War er doch nicht der verehrte alte Mann, sondern führte das unglückliche, freudlose Leben eines sozial Ausgestoßenen? Andere Wissenschaftler wiederum zweifeln daran, ob das Genmaterial wirklich aus Ötzis Zeit stammt. Es können auch Spuren von Verunreinigungen sein, denn die Leiche ging durch viele Hände.

Sicher ist dagegen inzwischen: Ötzi ist nicht nur nach dem Tod, er war auch schon zu Lebzeiten ein Südtiroler. Er stammt aus dem Eisacktal bei Bozen – das ergab die Analyse der chemischen Zusammensetzung seiner Zähne. Im Gegensatz zu den anderen Zellen im Körper erneuern sich die Zähne nicht im Laufe des Lebens. Und Pollen in seiner Kleidung verraten: Er wanderte durch halb Südtirol, besonders durch das Etschtal.

Vielleicht doch ein wandernder Händler? Mit dieser Vermutung ist noch lange nicht das letzte Kapitel in der Akte »Wer war Ötzi?« geschrieben. Wie im Fernsehen heißt es: Fortsetzung folgt! Gute Archäologen sind zwar gute Detektive, doch auch sie finden am Ende nur, wonach sie suchen.

BILDNACHWEIS

British Museum (London): 91, 106, 135

C. W. Ceram, Götter, Gräber und Gelehrte im Bild, Klagenfurt o. J., S. 245/229: 113, 115

Deutsches Archäologisches Institut, Eurasia Antiqua, Bd. 4, 1998, S. 189: 203

Hildegard Elsner, Haithabu. Schaufenster einer frühen Stadt, Neumünster 1994, S. 95: 230

Roland Hampe, Heinrich Schliemann, Heidelberg 1961, S. 6/10: 139, 154

Robert Harding Associates (London): 126

Wolfgang Korn (Hannover): 25, 30, 36, 41, 46, 51, 57, 60, 73, 80, 94, 100, 167, 171, 185, 195, 205

Landesamt für Denkmalpflege und Archäologie Sachsen-Anhalt, Juraj Lipták: 217

Alfred Mallwitz, Ein Jahrhundert deutsche Ausgrabungen in Olympia, in: Athenische Mitteilungen 92, 1977, Taf. 3,1: 164

Dietrich Mania (Jena): 32

Peter Pentz, Könige der Nordsee, Leeuwarden 2000, S. 104: 226

Picture Alliance: 250

Silkeborg Museum, Silkeborg: 245

v. Chr.	Ägypten/Afrika	Naher Osten	Klein

2,5 Mill.

Faustkeile in der Olodovai-Schlucht

400 000

10 000

9000

Neolithische

8000

7000

Erste Bauerndörfer: Garmo

6000

5000

Erste Städte:
Uruk *Lagasch*
Nippur

4000

Sumerer *Ur*

3000

Bronzeze

Altes Reich *Pyramiden von Gizeh*

2500

Akkad

2000

Babylon

Eisenzeit

1500

Neues Reich *Tal der Könige*

Hethiter

1000

Assyrer
Ninive *Nimrud*

Karthago

500

Perser

Spätzeit

Chr. Geb.

Colonia Julia Concordia Carthago

Perg

500

Byzanz

1000
n. Chr.